# 名将の条件

監督受難時代に必要な資質

【大活字版】



野村克也

# はじめに――本物の「プロ野球監督」がいなくなった

最近のプロ野球を見ていて、とくに感じることは、

「とにかく勝てばいい」

「面白ければそれでいい」

という風潮が、以前にも増して顕著であるように思えて仕方がない。もちろん、プロ野球をビジネスとしてとらえた場合、一人でも多くのお客さんに球場に足を運んでもらうために、エンターテインメント性を高めることは必要なことかもしれない。しかし、それだけではプロ野球の本当の面白さを知ることができないのも、また事実である。


さらに言えば、野球中継がテレビの地上波からほとんどと言ってよいほどなくなってしまった。昨季はセ・リーグが、シーズン終盤まで激しい首位争いを繰り広げ、またクライマックスシリーズ（以下ＣＳ）も盛り上がっていたにもかかわらず、試合結果をニュースのスポーツコーナーで流すだけなんていうことは、もはや珍しくなくなった。

問題はそれだけにとどまらない。現場上がりの解説者にしても、そのほとんどが結果論だけに終始し、また自分がそれまで在籍していた球団に気を使っているからなのか、本音でモノが言えなくなってしまっている。これは嘆かわしいを通り越して、もはや不安にしか思えない。

野球の評論、解説とは本来、1球ごとに生じる攻撃する側と守る側のせめぎ合いや心理戦、監督の采配の妙にポイントを当てて説明しなければならない。たんにホームランやヒットを打ったことや、三振を奪ったことなど、目に見えるものだけを追い求め、勝った負けたと一喜一憂しているようでは、外野スタンドで応援しているファンとなんら変わりがない。

この程度の解説しかできない人間が、いざ監督やコーチなどユニフォームを着て現場に戻ったらどうなるのか。奥深い野球の追求など、到底あり得ないだろう。

さらに困ったことに、勝った負けたの結果ばかりを追い求めているのは、解説者だけではない。チームの運営を預かる球団オーナーや社長も同じなのである。

負けが込むと「監督の采配に問題があるのでは」などと疑心暗鬼になり、シーズン通してBクラス、あるいは最下位に沈んでしまおうものなら、すぐさま監督、コーチを総取り換えしてしまう。「監督やコーチを代えれば勝てる」と思い込んでいるのだ。

そして後釜の監督やコーチのポストを狙っている解説者は、低迷しているチームのオーナーや社長にご機嫌をうかがいながら、虎視眈眈《こしたんたん》とその座を狙っている。なんとも嘆かわしい限りだが、これこそが監督受難の時代を進行させている最大の要因と言えよう。

私が現役時代だった頃、そして監督として現場復帰した90年代と2000年代を振返ると、今よりもっと面白い野球を繰り広げていたように思えて仕方がない。

野球は1球投げるごとに状況が変わるスポーツだ。そして走者が塁上にいれば、それだけで緊張感が増してくる。アウトカウントやボールカウントによってリードを巧みに変え、走者を牽制し、打者をいかに抑えるかに気を配らなくてはならない。

ところが今の野球は違う。打者を打ち取るにしても、考えてリードしている捕手がどれだけいるのだろうか。あるいは味方のベンチが相手チームのサインを察知して、裏の裏をかくような野球をしていたチームがどれだけあったのかと聞かれれば、疑問符はとれない。2015年、12球団の捕手でシーズン通してフル出場を果たしたのが、ヤクルトの中村悠平《ゆうへい》だけであることを考えると、「考える野球」を実践することなど、まず不可能と見て間違いない。

そこに追い打ちをかけたのが、巨人、阪神、ＤｅＮＡの新監督である。ここにヤクルト、広島、中日を加えればセ・リーグは実に6球団全部の監督が40代だ。彼らは本当に監督としての資質、器量が備わっているのかと聞かれれば、疑問は尽きない。

監督の器でない人物を選んでしまったならば、選ばれた本人にとっても、あるいはチームにとっても悲劇でしかない。本編でも触れているが、40代の監督がいとも簡単に誕生した背景を考えると、私は期待以上に不安のほうが先走ってしまう。今のプロ野球はどうしてこうなってしまったのだろう。そこで監督とはどういった人材に託すべきか、プロ野球に未来はあるのか――。あらためて考察したいと思い、書き記してみた。

さらに言わせてもらえば、「いったいどうなってしまったんだ、プロ野球！」。

この言葉こそ、私の偽らざる本音である。２０１５年のプロ野球を見ていて感じたこと、２０１６年シーズン以降に期待したいこと、それらについて、余すところなく語っていきたい。

２０１６年2月

野村克也

◉名将の条件　監督受難時代に必要な資質――目次

## 第2章　12球団に本当の監督がいなくなった

## 第3章　私が仕えた4人の監督

## 第4章　監督に求められる資質

## 第5章 「期待できる人材は若手にはいない」という現実

# 第1章

# 間違いだらけの侍ジャパン監督選び

## 負けてはいけない試合で、小久保監督の采配のまずさが露呈した

あってはならないことが起きてしまった。２０１５年11月に開催された「ＷＢＳＣプレミア12」の準決勝で、侍ジャパンが韓国に３対４で敗退してしまったことだ。

この大会は12ヵ国が参加し、６チームずつＡ、Ｂのブロックに分けて、総当たり戦（第一ブロック）を行い、それぞれのブロックで勝ち点の高い４チームが決勝トーナメントに進める。Ａブロックはカナダ、キューバ、オランダ、プエルトリコ、チャイニーズタイペイ、イタリア、Ｂブロックは日本、アメリカ、韓国、メキシコ、ベネズエラ、ドミニカ共和国である。

この大会、日本は有利なはずだった。なぜなら、日本の公式ボールを使用している点、日本はもとより日本に近い台湾で第一ブロックを行なっている点、そして最後はバリバリのメジャーリーガーが誰一人として参加していないからだ。

日本のボールを使用していることで言えば、ＷＢＣのときのメジャーの公認球のよう

に滑らずに投げられるわけだし、日本や台湾で試合ができるのだから、韓国や台湾を除いた9ヵ国のように勝手知らない土地でプレーするわけではないのだし、おまけに侍ジャパンは日本の精鋭であり各チームの代表選手ときているのだから、負ける理由を見つけるほうが難しい。

だが、現実は違った。何度も言うが日本は負けてしまったのだ。その後の3位決定戦でメキシコに11対1で圧勝したからといって、それは後の祭りである。

では、どうして日本は負けてしまったのか。答えは簡単、監督である小久保裕紀《ひろき》の考えられないような、まずい采配があったからだ。

まず、7回まで85球を投げて1安打無失点だった大谷《おおたに》翔平《しょうへい》を、なぜ8回以降投げさせなかったのか。プレミア12はWBCと違い、球数制限を設けていない。7回を85球ということは、1イニングあたり12～13球程度なのだから、残り2イニングを投げさせたって110球前後で終わる可能性が高い。

それに韓国打線は、明らかに大谷を打ちあぐんでいた。というよりも、手も足も出なかったというのが本当のところだろう。試合後に韓国の金寅植《キムインシク》監督が、「大谷投手のボールが打てず、それが本当に大変だった」と語っていたが、これは本音だろう。それほどこの日の、いやこの大会での大谷の調子は最高によかった。だからこそ、この試合で彼を完投させていたっておかしくない。

次に8回から登板した二番手の則本昂大《のりもとたかひろ》が、9回につかまり1点返されて無死満塁としたところで、左の松井裕樹《ゆうき》に代わった。だが、ここも解せない。

松井は2015年のシーズンでは、抑えとして3勝2敗33セーブ12ホールド、防御率0・87という好成績をおさめたが、高校を卒業して2年目のまだまだヒヨッコである。彼の球種はストレートとスライダー、スプリット、カーブ、それにカットボールと豊富だが、この大会においては、変化球のコントロールの精度がなかった。

しかも一次予選のベネズエラ戦では、最終回に登板し、逆転の二塁打を打たれている。このときの残像が脳裏に残っていたとしたら、「何としても抑えなきゃ」という力みがあったっておかしなことではない。負けてもやり直しのきくリーグ戦とは違い、「負けたら終わり」の一発勝負のトーナメント戦で、この場面での松井の登板は荷が重すぎた。

結局、松井は押し出しの四球を与えたところで降板。続く増井浩俊《ひろとし》が韓国の4番の李《イ》大浩《デホ》に勝ち越しのタイムリー二塁打を打たれ、そのまま敗れ去ってしまった。

どうして小久保がこれほどまでにまずい采配をしてしまったのか。それは経験不足からくる判断力のなさである。

小久保はＮＰＢ（日本野球機構）での監督経験はまったくない。私の経験から言っても、監督未経験の人間が采配をふるのはとてつもなく大変だ。とくに選手との間で一番困るのが、信頼関係を築けるかどうかという点である。

侍ジャパンに選ばれている選手たちは皆、所属チームではエース、クローザー、クリーンナップを任されている中心になるべき人材である。プライドが人一倍高いのはもちろんのこと、そうした選手たちを起用するならば配慮はすれども遠慮してはいけない。

おまけに急造チームであるがゆえに、限られた時間のなかでチームとして結束力、連帯感を持たせるのにも労力がいる。経験豊富な監督であれば、その点はお手のものだろうが、監督経験のない小久保がどこまでまとめきれていたのか、あるいは個々の選手の力量を把握し、納得のいく選手起用ができていたのか。その点は大いに疑問である。

## 嶋のリードは韓国側に読まれていた

小久保の采配に目が行く一方で、選手たちはどうだったのかと言えば、与えられたポジションのなか、よく役割を担っていた。だが、韓国戦での嶋基宏《もとひろ》のリードはいただけない。

嶋は私が楽天の監督だった頃から口酸っぱく言っていたのだが、あまりに正攻法すぎるリードだったのが気がかりだった。とくに嶋を捕手で使い始めた当初は、困ったときには外角一辺倒の配球だった。

だが、配球というのは、そう単純なものではない。正攻法と奇策を織り交ぜることによって相手の打者に読まれにくくする。そうならないために必要なのが、「洞察」と「観察」なのだ。

打者のスタンスや見逃し方といった、目に見えることを細かく観察し、そこからどんなボールを待っているのか、あるいはどういった心理状態であるのか、目に見えない情報を洞察する。そのためには「感じる力」を持っていなければならない。

準決勝の韓国戦の嶋で言うと、9回表に3対2と迫られて無死満塁、韓国の4番の李大浩を迎えた場面である。日本の投手は日本ハムの増井浩俊。彼はソフトバンクとの試合で李と対戦し、2015年は4打数無安打と抑えている。

彼のウイニングショットはフォークボールだ。ペナントレースでは李はこのボールを意識するあまり、ことごとく凡打していた。この打席は当然、フォークにヤマを張ってくることが予想できる。

だからこそ、あえてストレートを投げてみるのも面白い。私はそう感じていた。フォークに的を絞っている打者からしたら、ストレートは予想しないボールなので、「えっ、この場面でストレート!?」と困惑することも十分に考えられる。

だが、嶋は裏をかいたつもりだろうが、初球からフォークボールを投げさせ、見逃しのボール。明らかに李はフォークボールを狙っている。続いてファール、ボールと続き、2ボール1ストライクからの4球目、外角に投げた136キロのフォークボールを左翼線にはじき返された。

フォークボールをマークしていた李にあえてそのボールで勝負に挑んだのか、あるいは無難にまとめようとした嶋の配球を読まれたのか。私は後者の嶋の悪いクセが出たような気がしてならない。

私は嶋に、配球で迷ったら次のコースに要求しろと教えたことがある。

①外角低めのストレート
②低めへの変化球
③フォークボールやチェンジアップなどの特殊球
④内角の快速球や鋭く小さな変化球

①の外角低めのストレートを、私は「原点」と呼んでいたが、ここにきちんと投げられる能力が高ければ高いほど、投手としての安定性は高い。

だからこそ、捕手は試合になったら投手に何球か原点に投げさせて、その日の原点能力を見極めておく。その日の原点能力が高ければ、ピンチで配球に迷ったときに、外角低めへのストレートを要求すればよい。「迷ったら原点」と私が言っているのは、こうした理由があるからだ。

だが、嶋は何もなくても外角低めを要求する確率の高い捕手だ。常に外角一辺倒だと、配球に傾向が出てしまう危険性がある。おそらく李は、前の打者との勝負で、松井に外角低めのストレートを要求し続けた嶋の配球を見て、「オレにも勝負球は外角。そのうえフォークボールもある」と読んでいたのではないだろうか。そうでなければ勝負を左右するような緊迫した状況で、あそこまで思い切りフルスイングができるものではない。

楽天時代、私が嶋を指導していたとき、外角一辺倒のリードで、内角を突かないことにもどかしさを感じていた。嶋本人が言うには、打者に死球をぶつけたら、自分が打席に立ったときに報復されるのではないかという危機意識が常にあったそうだ。

だが、2013年にリーグ優勝、日本一になってだいぶ進歩したなと思えたものの、勝負どころで私が指導していた頃の嶋に逆戻りしたように感じた。嶋には打者の考えを絶対に見破ってやろうという執念がまだ足りない。そのことをあらためて思い知らされた場面だった。

## スペシャリストの選手が不在だった

今回のプレミア12での投手陣は、先発9人と抑え4人の13人で構成されていた。いずれも所属チームでは主力級の選手だが、ここではたとお気づきの方もいらっしゃるかもしれない。そう、中継ぎの専門家が一人としていないのだ。

先発の軸は大谷、前田健太、菅野智之《すがのともゆき》、武田翔太の4人で、第二先発として西勇輝《ゆうき》、大野雄大《ゆうだい》、小川泰弘《やすひろ》を配置。則本と牧田和久をリリーフとして待機させ、抑えは松井、増井、澤村拓一《ひろかず》、山﨑康晃《やまさきやすあき》らに任せた。

だが、彼らは全員、所属チームでは先発、あるいは抑えだ。たとえばヤクルトの久《きゅう》古《こ》健太郎や秋吉亮《りょう》、巨人の山口哲也、日本ハムの宮西尚生《なおき》、ソフトバンクの森唯斗《ゆいと》ら、中継ぎのスペシャリストを招集すべきだった。この点については小久保自身も、「そういうメンバーを選んだ僕の責任」と認めているのが唯一の救いではあったが、後の祭りだ。

もちろん、このことは野手も同様だ。あまり表面化されなかったが、代走は日本ハムの中島卓也《なかしま》が担ったが、当初は内野のバックアップ要員として招集された。レギュラーに万が一のアクシデントがあったときのことを考えると、簡単に投入しにくい存在となってしまった。

そのうえ、ＣＳで負傷した内川聖一に代わって、今宮健太が招集されたが、これによって外野手は中田翔、筒香嘉智《つつごうよしとも》、秋山翔吾、中村晃の４人となり、攻撃のバリエーションが制限されてしまった感がある。

私はこうした大会だからこそ、中継ぎ、代走、守備固めなどのスペシャリストは必要だと考えている。つまり、絶対に欲しい1点をとり、何がなんでも1点を守りにいく。1点を争う接戦になったとき、一芸に秀でた選手の力を必要とする場面は、勝負の世界においては必ずやってくる。

12球団のエースと４番を集めるだけでは最強のチームは作れない。野球というスポーツは、優れた才能を持つ選手を揃えればそれで勝てるというものではない。

もちろん、そうした選手たちがフルに才能を発揮すれば、強さを前面に押し出した試合ができるのかもしれないが、そうしたケースは稀《まれ》であるし、才能のある選手の特徴はよく言えば個性的、悪く言えばわがままだから、自由奔放にプレーさせるとまとまりに欠ける。

小久保自身、ダイエー、ソフトバンクの現役時代は、チームの4番を任される中心打者だった。しかも、2004年から2006年まで、清原和博、タフィ・ローズ、阿部慎之助、李承燁《イスンヨプ》ら大砲がズラリと揃った巨人打線の中心を担った時期もあった。一発で試合を決める快感は、彼自身も経験していることだろう。

だが、そんな巨人であっても、2004年から2006年の3年間は優勝できなかった。皮肉なことに、巨人が再び勝ち出したのは、清原、ローズ、小久保らが抜けた2007年からである。

だからこそ、適材適所が大切なのであり、たとえ個々の才能が劣っているチームでも、適所に配された適材が自分の持っている力をまっとうすることでまとまっていけば、たとえ劣勢であっても逆転できる可能性が高まるものだ。これこそが、野球という団体スポーツの面白いところである。

## なぜチームには適材適所が必要なのか

組織というのは不思議なもので、素晴らしい才能や資質を持ち合わせた選手ばかり集めると、チームとして機能するかと言えば、決してそんなことはない。その典型が90年代にフリーエージェント（以下FA）とトレードで4番バッターばかり集めた結果、思うように優勝回数を重ねることができなかった巨人である。

前ページでも書いたが、FAで広澤克実（ヤクルト）、清原（西武）、江藤智《あきら》（広島）、トレードなどで石井浩郎《ひろお》（近鉄）、ロベルト・ペタジーニ（ヤクルト）、ローズ（近鉄）、小久保（ダイエー）といった、それぞれ所属したチームで4番を打った経験のある選手をごっそり獲得したのだが、1997年から2006年までの10年間で優勝したのは、2000年と2002年のわずかに2回だけだった。

野球には9つのポジションがある。打順も1番から9番まであり、それぞれに役割や適性がある。1番打者で言えば、長打力はないものの、俊足で選球眼のよい選手、2番打者ならば送りバントやヒットエンドランなど、小技のうまい選手、という具合に適正な配置を考えるべきなのだ。

それを1番から8番まで、4番打者ばかりをズラリと並べたからと言って、そのチームが優勝できるとは限らない。あくまでも大切なのは適材適所であり、「優勝を目指す」という共通の目的のもとで一致団結し、それぞれの打者が役割と責任を果たすことができれば、よい結果を残すことができる。この点が、チームスポーツである野球の興味深いところなのである。

私がこれまで見てきたところ、適材適所で理想的なのは、V9時代の巨人である。1番は俊足巧打の柴田勲《いさお》、2番は堅実な守備と小技が得意な土井正三、3、4番にONをはさんで末次利光、高田繁、黒江透修《ゆきのぶ》、森祇晶《まさあき》と並ぶオーダーはまさに適材適所だ。

当時の巨人は、「王と長嶋がいたから勝てた」「あれだけの実力者がいたらV9はできて当たり前」などという言われ方をされることもあるが、とんでもない話だ。

ONという真の中心的選手がいるなか、その前後を固める選手たちにそれぞれの特徴があって、首脳陣から求められる役割を彼らがきちんと理解していたからこそ、リーグ優勝、ひいては日本シリーズで9連覇という前人未到の記録を成し遂げることができたのだ。無論、適材適所の重要性を見抜いて1番から8番までつながりのあるオーダーを組み、それぞれの打者に合った役割を徹底させた川上哲治《てつはる》監督の眼力と手腕も見逃せない。

打線とはよく言ったもので、一本の線としてつながっているほうが、どんなにホームラン打者が並んでいたとしても、点と点の集合体でしかない打順より、相手チームははるかに与《くみ》しやすいと考えるものだ。川上監督は誰よりもそのことを理解していたのだろう。

これは何も野球に限った話ではなく、一般社会における組織においても同様のことが言える。人間にはそれぞれ異なった個性や才能がある。それを指導者が正しく見抜いて、適したポジションに配置して、個々の果たすべき役割を明確にしてあげれば、組織として効果的に機能する。

私が監督時代、目指したのはV9時代の巨人打線だった。それは守備においても同様である。それぞれのポジションにもっとも適した選手を起用し、適材適所を実践するように努めたのである。

## 処世術で決まった侍ジャパンの監督

多くのプロ野球ファンは、「監督経験のない小久保がどうして侍ジャパンの監督に選ばれたんだ?」と不思議に思われているかもしれない。何を隠そう、実は私もそのなかの一人だったのだが、侍ジャパン特別顧問の王貞治が彼を推薦したそうだ。

では、彼はソフトバンクの監督にはなれないのか。現時点では、彼の名前は候補にすら挙がっていないという。また、彼に人望があるのかと言えば、そうした声すら聞いたことがない。人前では格好つけたがりで、あまり他人から嫌われたくないという一面もあるというから、本来であれば監督には向かない性格なのだろう。

侍ジャパンに限らず、最近のプロ野球を見ていると、球団の上層部から覚えがめでたい人物が監督になっているように思えて仕方がない。つまり、能力は度外視して処世術に長けている者が監督になる。「何であの人が監督になったんだろう?」と、疑問に思うファンもいると思うが、それはこのような理由が背景にあるからなのだ。

とくに小久保と王は良好な関係を保っている。そのことは別段問題視することではないのだが、小久保は自分に批判的な人間とは徹底的に距離を置く。

以前、こんなことがあった。福岡ドームでの試合前、その日の解説を控えていた私は、グラウンド上で王と顔を合わせて談笑していた。練習中だったソフトバンクの選手たちは、私と王の姿を見つけると、帽子を取って挨拶に来てくれたのだが、なぜか小久保だけは近寄ってこない。

いったいどうしたのだろうと思いつつ、王と話が終わってその場を離れた途端、小久保が王に挨拶をしに来た。つまり、私とは挨拶したがらなかったのだ。

それより前に私は、新聞の評論で小久保のプレーぶりを批判したことがあったのだが、そのことを彼は根に持っていたのだろう。もう少し度量の大きい人間だったら、「あのとき書かれたことについて、お聞きしたいのですが」などと聞かれれば耳を貸してもよいのだろうが、彼にはまったくそんなつもりはないらしい。

小久保は青山学院大学で主将を務め、大学3年時には全日本代表に選ばれて、バルセロナ五輪にも出場した。責任感が強いのと同時に、プライドも人一倍高いのだろう。それゆえに自分に対する批判は一切受けつけないなどとなると、人間的な成長は見込めない。

私は常々、「人間は無視・賞賛・非難の段階で試される」と言い続けてきた。その人間が箸にも棒にもかからない状態であれば「無視」、少し見込みが出てきたら「賞賛」し、組織を担う中心的人物になったと認められる段階で「非難」する。

ここでいう非難とは、「その程度で満足していてはダメだ。もっと成長して本当の中心になってほしい」という期待が込められている。その真意を受け止め、悔しさを感じつつも、「どうにかして認めさせたい、見返したい」と思って精進を重ねることで、その人間は真の一流になることができるというわけだ。

小久保はどうやら私の真意が理解できていないようだが、監督業を長く務めていれば、よいときも悪いときもある。よいときは賞賛の声が多いだろうが、そんなときに出てくる批判の声に耳を貸すことで、物事の見方や視野が広がることだって十分にあり得る。

今回の準決勝の韓国戦後に巻き起こった非難の嵐を、彼はどう受け止めたのか。そうした声に対して、素直に耳を傾けることで得られるものは多々あるものだし、人間的な成長だってできると私は思うのだが、小久保自身がそれを感じ取ることができなければ、監督としての資質はないと言ってもよい。

## 2017年に開催されるWBCは、小久保監督のままでいいのか

このまま小久保監督のまま、来年のWBCを迎えてもいいのか、と聞かれれば、当然NOである。だが、小久保に代わる人材がどれだけ球界にいるのかと考えたときに、真っ先に思い浮かぶのは2013年にヤクルトを引退した宮本慎也くらいなものだろう。

宮本は選手としてWBC、アテネ、北京の2度の五輪を経験し、しかも主将を務めた。小久保も大学時代の1992年にバルセロナ五輪で銅メダルを獲得しているが、プロ入りしてからは、選手としてWBCも五輪も経験していない。この点を踏まえると、宮本に一日の長があるような気がしてならない。

それに小久保に不利なのは、監督として経験を積む場のないことだ。今回、プレミア12に出場した選手であれば、2016年のペナントレース、そしてCSや日本シリーズを戦い抜けば、技術はもちろんのこと、短期決戦の勝ち抜き方だって身についてくるはずだ。

だが、監督は采配をふらなければ、経験を積むことができない。どんなにテレビやラジオの解説を務めても、ユニフォームを着て采配をふったときの緊張感や判断力には遠く及ばない。そうした経験が蓄積できないのは、何一つプラスにならない。

さらに言えば、

「この監督についていけば大丈夫だ」

「この監督の言うとおりにやれば、勝てるに違いない」

と選手に思わせることが大切であり、そのために人望や度量、風格、言葉、判断力、決断力、理論を身につけることが必要だ。そのためには、「オレは世界一に導くために、こういう野球がしたい」という監督の考えを選手に理解させ、動かすための意識づけをしていくことが肝心だ。

監督と選手の本当の信頼関係は、時間をかけて築かれる。監督は自分自身と常に向き合い、負けてはならない。言い換えれば克己心《こっきしん》のない人間には監督は務まらない。

プレミア12が終わって数日後、小久保は侍ジャパンの監督を続投すると自ら宣言した。一抹以上の不安がつきまとうが、私が指摘した課題をどうやって克服しようとするのか、しっかり見届けたいと思っている。

# 第 2 章

# 12球団に本当の監督がいなくなった

## かつての教え子たちが優勝を勝ち取ったヤクルト

2015年のシーズンのセ・リーグは、最後の最後までもつれた。最終的にはヤクルトが優勝したものの、巨人、阪神、広島の3チームは最後までそのチャンスがあったことは、まぎれもない事実だ。

しかし、見応えのある、面白いシーズンだったかと聞かれれば、私はそうではないと考えている。6月の下旬には、セの6球団すべてが貯金がないなどという、前代未聞の事態に陥った。これとて交流戦でパ・リーグがセ・リーグを圧倒したからにほかならないが、6球団全部がつまらない野球をしているなと感じていた。

バッターはただ来たボールをやみくもに打つだけ、バッテリー、とくに捕手はどういう意図を持ってその配球を選んでいるのか、まったく理解ができない。

優勝候補の最右翼だった巨人にいたっては、扇の要だった阿部慎之助を一塁に回し、若い小林誠司《せいじ》を捕手として一本立ちさせようと取り組ませていた。しかし、その小林は、

「相手の苦手なところに投げさせればいい」という単純なリードを繰り返し、交流戦後に二軍に落とされてしまった。捕手の基本的な教育すらまともにできないチームが優勝候補などと聞いて呆れる始末だ。

このようなありさまだから、捕手と打者の駆け引きらしい勝負など見ることができず、いったい何をポイントに評論すればいいのか、答えに困ったことが一度や二度ではなかった。

では、どうしてこのような無様な野球をしていたのだろうか。

答えは簡単、チームのリーダーである監督の原辰徳が、「オレはこういう野球をする」と、コーチや選手たちに明確に伝えきれていなかったからだ。

巨人の場合で言えば、阿部慎之助、村田修一らがケガや不振で思うような成績が残せないと見るや、坂本勇人《はやと》や長野《ちょうの》久義《ひさよし》、若手の大田泰示《たいし》や中井大介に4番を打たせるなど、めまぐるしく変えていた。かつて巨人の4番と言えば、長嶋茂雄であり、王貞治が打っていた打順だ。それをたった一日や二日、結果が出ないからと言って、4番をコロコロ変えては、選手たちだって変に萎縮してしまう。

結局、巨人は課題だった打撃陣の復活が1年を通してままならず、ヤクルトに優勝を打点王を獲得した山田哲人《てつと》、首位打者に輝いた川端慎吾やトリプルスリーを達成した山田哲人、打点王を獲得した畠山和洋《かずひろ》ら、好調な打撃陣に引っ張られて、石川雅規《まさのり》、館山昌平、石山泰稚《たいち》などの先発投手陣も奮闘したと見るべきだろう。

それに加え、秋吉亮、オーランド・ロマン、ローガン・オンドルセク、トニー・バーネットらリリーフ陣がシーズンを通して安定していた。このことによって、先発投手陣も「6回まで投げれば、後はなんとかなる」と気楽にマウンドに立てたことも、好調の要因につながった。

そのうえ、ヤクルトの現首脳陣は、監督の真中満《まなかみつる》を筆頭に、私が監督を務めた際に指導した連中ばかりだ。春季キャンプのミーティングで、人生論、組織論、野球の原理原則、技術、戦術、戦略などを話していたが、首脳陣が今でもそれを思い返し、役立てていると聞いた。それが14年ぶりの優勝に役立ったというのであれば、うれしい限りだ。

だが、日本シリーズではソフトバンクに1勝4敗となすすべがなかった。見どころと言えば、第3戦での山田の3打席連続ホームランくらいだった。その山田も、「僕が打たなければチームは勝てない」と言っていたのを聞いて、「これではヤクルトは勝てないな」と悟ったものだ。

野球はチームスポーツである。一人がどんなに頑張っても、試合に勝てるものではない。そのことを山田はどれだけ理解していたのだろうか。無論、彼は2015年のシーズンでは、3割、30本塁打、30盗塁のいわゆるトリプルスリーを達成し、球界でも有数のトップ選手にのし上がってきた。だが、「つなぎ」の意識なくして得点力は生まれない。

彼が昨季、100打点を達成できたのは、前を打つ打者が出塁し、打点を稼ぐチャンスが多く芽生えたからにほかならない。そのことを忘れて、「僕が打たなければ……」と勘違いしているような発言をしている時点で、ヤクルトはまだまだ発展途上のチームであること、真中自身も監督として成長する余地があるということを再認識させられた。

## 原辰徳は名将とは言えない

昔のプロ野球界での名将と言えば、三原脩《おさむ》さん、水原茂さん、そして私の南海時代の恩師にあたる鶴岡一人《かずと》さんが、「プロ野球三大名監督」とされている。

3人に共通しているのは、優勝回数と監督としての通算勝利数が多いこと、そして監督の在任期間が長かったことである。三原さんは巨人、西鉄、大洋（現ＤｅＮＡ）、近鉄、ヤクルトと5球団を渡り歩き26年、水原さんが巨人、東映、中日で21年、鶴岡さんが南海一筋で23年である。

今の時代、20年以上監督を務められるかと言えば、ものすごく難題だ。仮に45歳で監督に就任したとすれば、65歳まで続けることなど、考えてみただけで難しい。

２００１年以降の15年間で、長く監督を務めた者と言えば、巨人の原辰徳が挙げられる。２０１５年限りで監督を退任したものの、２００２年から2年間、２００６年から10年間の合計12年の間で、リーグ優勝7回、日本一３回、Ａクラス11回、監督としての通算勝利数が947と、数字だけ見れば名将と呼ばれる域に達しているのかもしれない。だが、私は原をそう高く評価していない。その理由は4番打者をコロコロ代えてしまったこと、もう一つは人間教育ができていなかったからだ。

2015年のシーズンは、阿部慎之助を4番に据えてスタートした。だが、阿部が故障で戦線離脱すると、坂本勇人に代えた。その坂本もケガで二軍落ちするや、大田泰示、中井大介らに4番を打たせ、坂本が戻ってきて4番を続けるのかと思いきや、いったん阿部に戻し、夏場になってから亀井義行にも4番を任せた。そして亀井までもがケガでリタイアすると、今度は不振だった長野久義を4番に置いた。だが、結局は8月下旬から阿部に固定し、そのままシーズンを終えた。

いったい原は巨人の4番を何だと思っているのか、本人に問いただしてみたくなった。巨人の歴代の4番は、川上哲治さん、長嶋茂雄、王貞治、監督である原自身、そして松井秀喜と、タイトルホルダーばかりが打ってきた。なぜ大田？　なぜ中井？　どうして亀井なんだ？　と首を傾《かし》げたくなるような起用ばかりが目立った。これでは当の選手たちだって、「オレは今日は何番を打つんだろう？」と落ち着いて野球ができない。

それに4番をしょっちゅう代えていては、選手だって「監督から信用されていないんだな」と疑心暗鬼になってしまう。監督自身、本心では不安視していても、たとえ見せかけの信頼で「お前を頼りにしているぞ」と伝えておけば、選手のやる気、意気込みだって俄然違ってくるものだ。私はヤクルトの監督時代、そうやって広澤克実を４番に据えてきた。

「お前たちが中心になってやってもらわなければ困る」という思いが伝わるからこそ、打てなかったときには、「なぜ凡打してしまったのか」「どうすればいいのか」について、本人たちが真剣に考えるようになる。それが進歩を生むのだ。

原は４番を打っておきながら、そのことがわかっていない。彼自身、長年座り続けてきた打順を、ＦＡ移籍で落合博満に奪われたり、晩年は長嶋監督から「原の代打、長嶋一茂」とコールされたり、屈辱的な思いをした。だからこそ、４番を打つ打者の繊細な心理を理解していたものだと思っていただけに、非常に残念な起用法であった。

もう一つは、選手の教育についてだ。２０１５年のシーズンはヤクルトが優勝し、巨人は2位に終わったものの、ＣＳでの巻き返しを期待された最中、福田聡志の野球賭博の問題が発覚した。この事件は笠原将生《しょうき》、松本竜也《りゅうや》の3人が関与し、11月に入ってから3選手の契約解除が申し渡されたが、あってはならないことだった。

プロ野球選手は、小さい頃から野球しかやっていない。そのうえ、「天才野球少年」などとチヤホヤおだてられながら育っていくものだから、典型的な「野球バカ」になってしまう。ましてや巨人や阪神などの人気球団に入ろうものなら、善悪の区別もつかない大勢の人が近寄ってくる。なかにはタチの悪いタニマチだっているはずだ。

だが悲しいかな、プロ野球選手は小さい頃から人間関係のなかで揉まれ、苦労していないがために、そうした善悪を見分ける目を持っていない。

だからこそ、私は監督時代、徹底的に人間教育を施した。選手を指導、教育していたのは目先の勝利のためではない。プロ野球選手の現役時代など、人生の長さからすればたかが知れている。

みんながみんな、コーチや裏方として球団に残れるわけでもなければ、苦労することのほうが圧倒的に多い。これまで下げたことのない頭を下げる場面だって、仕事によっては決して珍しいことではないだろうし、何より一社会人としてマナーやモラルを身につけていないといけない。

ましてや巨人には、正力《しょうりき》松太郎氏が残した「巨人軍は紳士たれ」という憲章がある。それは「皆の模範にならなければならない」ということだ。

今回の巨人の件を見るにつけ、原は人間教育をやっていなかったことが一目瞭然だ。事実、原の周辺から人間教育に関するミーティングをやっていたなどという話は、一度たりとも聞いたことがない。足掛け12年も監督を務めながら、いったい何を教えていたのだろう。こうした点などから、私が原を名将と評価しないのである。

## 工藤公康の「軽さ」が気になる

２０１５年のパ・リーグはソフトバンクの圧勝だった。その流れのまま、ＣＳ、日本シリーズを勝ち抜いたといっても過言ではない。

では、監督である工藤公康《きみやす》の采配はどうであったかと言うと、とくに秀でたものがあるとは感じられなかった。交流戦や日本シリーズなどでソフトバンクの試合を見ることはあったが、とにかく「軽い」という印象しか見当たらない。

ベンチで選手と一緒にガッツポーズをして笑顔を浮かべていたかと思いきや、自軍の投手が打たれて逆転されると、途端に表情を曇らせる。彼自身、西武時代の若い頃は「新人類」と呼ばれ、チャラチャラしていたときがあったが、監督になってからも重みというものが伝わってこない。

監督が喜ぶのは、試合で勝ったときだけだ。試合中に喜怒哀楽を出す必要はない。自軍の選手がホームランを打ったって、喜び勇んでハイタッチする必要などないし、選手と同じレベルで野球をやっていたって仕方がない。

ホームランが出て逆転した、あるいはリードしたとなれば、考えなくてはならないことは山ほどある。投手の継投はどうすべきか、守備固めに誰を出したらいいか、そのために打順の巡り合わせをどうすべきか。そちらに神経がいくのは当たり前だろう。

工藤は1981年に西武に入団後、広岡達朗さんの下で4年、森祇晶の下で9年、FAでダイエーに移籍して王貞治の下で5年、さらにFAで巨人に移籍して長嶋茂雄の下でも2年プレーした。

現役時代、とりわけ若いうちに強烈な影響を受けた監督に似てくると言われているが、いったい工藤は誰に似てしまったのだろうか。表情が顔に出るところあたりは長嶋に似ていなくもないが、それでも首を傾げてしまう。

監督らしい風格や威厳の感じない工藤が監督であっても、どうしてソフトバンクが勝てたのかと言えば、他のチームとは比較にならないくらいの巨大戦力だったからだ。その巨大戦力はどうやって培うことができたのか？　それは大金をはたいて選手を獲得したからである。

投手のリック・バンデンハーク、ジェイソン・スタンリッジ、中田賢一、一塁手の李人浩、外野手の内川聖一ら、とてつもないカネを注ぎ込んで獲得した。さらに言えば、3年12億円という途方もない金額で松坂大輔まで獲っている。しかも、彼は肩痛《かたつう》でまったく一軍登板ができなかったにもかかわらず、他の5球団を寄せ付けないほどの独走ぶりだった。

選手の獲得方法はまるで長嶋時代の巨人を彷彿《ほうふつ》とさせるようだが、役割ごとに適材適所で補強している点で、さらに優れている。あれでは誰が監督をやったって勝てる。ソフトバンクの優勝を見るにつけ、今のプロ野球はカネで優勝が買える時代になってしまったものだと思えば思うほど、悲しい限りだ。

## 中畑清には戦術、戦略がなかった

２０１５年シーズン前半のセ・リーグを牽引したのは、まぎれもなくＤｅＮＡだった。オールスター前の最後の試合の巨人戦をサヨナラ勝ちし、17年ぶりの首位でＵターンしたときには、「ひょっとしたら後半も……」と胸躍らせたファンも多かったことだろう。しかし、結果はそうならなかった。連敗につぐ連敗を重ね、気づいてみれば３年ぶりの最下位に終わった。

伏線はあった。開幕から順調に白星を積み重ね、交流戦が始まるまでは29勝19敗と、2位の巨人に2ゲーム差をつけての首位だった。だが、交流戦に入るとそれまであった貯金をきれいに使い果たし、まさかの借金生活に突入。交流戦の勝率は１割７分６厘と、歴代ワーストの記録を残した。

そんな状況でもＤｅＮＡが首位でいられたのは、巨人を含めた他の5球団が低迷していたからにすぎない。それにもかかわらず、球団は中畑にオールスター期間中に続投要請をしてしまった。

だが、結果はご覧のとおり。なぜこのような結果になってしまったのか。答えは簡単、監督の力量が出ただけにすぎない。

中畑に戦術、戦略があるとは思えない。いいときは「逆転のベイスターズ」で、イケイケドンドンで押せるし、昨季は抑えに亜細亜大卒の新人の山崎康晃を抜擢し、これがうまくハマった。

しかし、勢いだけでペナントレースを勝ち抜けるほど、そう甘くはない。ベンチ内で明るく騒いでいたのも束の間、後半戦が進んでいくにつれ、ずいぶんおとなしくなったものだ。

中畑が監督になってから勝敗にかかわらず、観客動員とメディアの露出が大幅に増え、注目を集めた。話題性に欠けるチームからしてみれば、彼のような人材はうってつけなのかもしれないが、ただ明るいだけでチームが強くなるものではない。ＤｅＮＡのフロントが、戦い途中のオールスター期間中に監督要請をしたのは、彼のキャラクターを評価してのことであり、戦術や采配などはそっちのけだったに違いない。

ＤｅＮＡは２０１５年シーズン終了時点で10年連続でＢクラス、そのうち７回が最下位だ。後任監督は外野手出身のアレックス・ラミレス。これも明るいキャラクターが売りの、今どきの監督といった印象が拭《ぬぐ》えない。

いったいDeNAの監督人事はどうなっているのか。どういう選考基準で決められていくのか。残念ながら、そこには「チームを強くしたい」というビジョンがまったく見えてこない。今季についても、まさに前途多難であるに違いない。

## 谷繁元信が選手兼任監督として通用しなかった理由

「選手兼任監督は、今の時代通用しない」――。中日の谷繁元信《たにしげもとのぶ》を見て、そう感じている。南海時代、８年間選手兼任監督を務めた私は、同じ捕手というポジションでもあり、陰ながら彼の活躍ぶりを応援していた。

だが、結果は無残なものだった。就任1年目が4位、そして2年目となった２０１５年は5位に終わり、混戦にあったセ・リーグのペナントレースにおいて、一度も首位争いをすることなく、蚊帳《かや》の外で終わった。

この点は選手兼任監督として1年目こそ3位だったが、２年目は最下位に終わった古田敦也と成績がかぶる。これには大きな理由が二つある。

一つは選手兼任監督の意味がわかっていなかったのではないか、ということだ。選手兼任監督ということは、選手としてプレーしながら監督業をするということである。つまり、試合に出場しなければ意味がないにもかかわらず、谷繁は捕手として経験の浅い松井雅人《まさと》や桂依央利《いおり》らを抜擢していた。

次世代の正捕手を育てなければならないという意図もあったのだろうが、捕手は経験がものをいうポジションだ。たしかに往年に比べて谷繁の肩は衰えているかもしれない。だが谷繁には、12球団一、捕手としての豊富な経験がある。ペナントレースはもとより、日本シリーズやCSといった短期決戦の戦い方を誰よりも知っている。そんな捕手がベンチの中にいるだけでは、相手チームからすれば与しやすいものだ。

球団としては、マスクをかぶりながら監督として采配をふることを期待していたはずだ。そのために監督、選手両方の年俸を払っている。

だが、球団の思惑とは反対に、谷繁自身は「監督になったら選手のやる気をそぐような采配はできない」という意識が強く働いていたはずだ。

どんなに脂の乗った選手であっても、1年間、シーズンを通して好調を維持できるわけではない。ジメジメとした梅雨時期、うだるように暑い夏場など、どこかで必ずコンディションを崩すものだし、またそうした苦難を乗り越えてこそ一流選手へとなっていく。それがプロ野球選手というものだ。

けれども、自分が監督だと、たとえ不振の時期でも自分で「代わる」と言わない限りは代打を送られない。選手だけの立場だったら、監督から「ここで代打を出すぞ」と言われればそれで済むし、つまらないミスをしたら叱ってくれるが、自分が監督ではそうもいかない。すべてにおいて、自分で決断しなければならない立場。それが選手兼任監督というものだ。

かくいう私もその点は苦心した。打席に入れば「何がなんでも、全打席打ってやる」という思いに追い詰められたことも一度や二度ではない。現実は10回打席に立って、3回打てれば一流の選手と言われるのに、あろうことか、今まで考えなくてもよかったことまで考え、不安にさいなまれてしまった。

そんな私だったからこそ、ヘッドコーチにはドン・ブレイザーを置いた。小柄な体でありながら、セントルイス・カージナルスなどで二塁手として活躍し、オールスターゲームやワールドシリーズにも出場している。それに何と言っても、彼は野球の知識が豊富で、野球を頭脳プレーで展開する「シンキング・ベースボール」（考える野球）を日本に持ち込んでくれた。彼の発想には私も思わず、「ほう、そんな考え方があるのか」と感心したほどだった。

翻って谷繁はと言えば、ヘッドコーチに森繁和《しげかず》を起用した。彼は2004年から8年間、落合博満の下でヘッドコーチを務めた経験があったが、落合と谷繁では状況も立場もまったく違う。

彼は投手出身の森ではなく、内野手出身の知識が豊富な人間をヘッドコーチに充《あ》てるべきだった。そのほうがより広く、野球をとらえることができたはずだし、何より谷繁自身も選手として、より安心してプレーに専念できたに違いない。どういう経緯《いきさつ》で森が選ばれたのかは知る由もないが、その点については大いに悔やまれる。

2016年、谷繁はセ・リーグで唯一の捕手出身監督となった。選手を引退し、監督に専念する今季こそ、中日の飛躍に期待したいところだ。

## 森脇浩司の退任は本当に悔やまれる

2015年のシーズン途中、下位に低迷していたオリックスの森脇浩司監督が休養し、そのまま責任をとって辞任した。

12球団の監督を見渡して、唯一期待できるのは森脇だけだったので、彼が辞めたことは本当に残念だった。とにかく勉強熱心な努力家である。

私が楽天の監督時代、彼はソフトバンクで内野守備走塁コーチを務めていたのだが、楽天とソフトバンクの試合前には必ず私がいる監督室を訪れ、

「野村さん、今日これだけお聞きしたいことがあるのですが、お時間の許す範囲内で構いませんので、よろしいでしょうか？」

と言っては、ノートにびっしり書かれた質問一つひとつを私にぶつけてきた。

「この前、こういう状況があったのですが、野村さんだったらどうされますか？」

「試合終盤の守備固めについて、ちょっと質問させてください」

と質問は戦術から技術論、起用法にいたるまで多岐に及んだ。彼の研究熱心な姿勢に、私もいろいろな話をさせてもらったが、その一方で、

「あまりオレのところばかり顔を出すと、ソフトバンクの関係者から、『アイツは野村派なのか?』などと、あらぬ疑いをかけられるぞ」

と心配して忠告したこともあった。それでも森脇は、

「別にそう見られても構いませんよ。私は野村さんに野球のことを教えてもらいたくて来ているだけなんですからね」

と言って、まったく意に介さなかったのだ。そんな彼の姿を見て、私は「なかなかみどころのあるヤツだな」と思った。当時、他のチームで野球談議ができたのは、森脇と中日の監督だった落合博満くらいなものだった。それだけに、彼のように探求心のある人材が監督として成功してくれることを期待していた。

では、なぜ森脇は失敗したのか? その原因は2014年オフの補強にある。

この年のオリックスのシーズン成績は、80勝62敗2分で勝率5割6分3厘。優勝したソフトバンクは78勝60敗6分で勝率5割6分5厘と、ゲーム差なしの勝率にしてわずか2厘差で優勝を逃した。とはいえ、前年の2013年は5位に低迷していたのだから、

2014年の成績はまさに大躍進と言ってもよい。

では、ここまで順位を伸ばした理由は何か？　それは投打の軸がしっかりしていたからにほかならない。シーズンMVPと最多勝利、最優秀防御率のタイトルを獲得したエースの金子千尋《ちひろ》、首位打者と最高出塁率のタイトルを獲った糸井嘉男《よしお》の存在は言うまでもなく大きかったが、それに加えて最多セーブのタイトルを獲った平野佳寿《よしひさ》、最優秀中継ぎの佐藤達也ら救援陣の存在も見逃せない。

ただし、投手とは難しいもので、1年を通して活躍しても、翌年もよいとは限らない。それを予感させたのが、この年のオフに金子千尋が右肘骨棘《こつきょく》の除去手術を受けたことだ。簡単なものとは言え、繊細な投手の利き腕にメスを入れたわけだから、前年と同じような働きをする可能性は未知数だ。

だが、オリックスのフロントはソフトバンクの強力打線に追いつき、追い越せと言わんばかりに、オークランド・アスレチックス2Aの中島裕之、FAで日本ハムから小谷野栄一、DeNAに在籍していたトニー・ブランコを獲得した。私に言わせれば、「補強のポイントが違うだろう」ということだ。

まずこの3人はいずれも内野手である。中島は遊撃、小谷野は三塁、ブランコは一塁である。一見するとポジションはかぶらないが、中島にしても小谷野にしても、往年の動きができるかと言えば、そんな保証はどこにもない。

それに打線は水ものという言葉があるように、どんな強打者を集めたって、それだけでペナントレースが勝てるわけではない。そのことは4番打者ばかりズラリと集めた90年代の長嶋巨人が証明してくれたではないか。

結局、最後に必要とされるのは投手力だ。攻撃陣が0点に抑えられても、投手が0点に抑えれば負けることはない。勝負の原理原則から言えば、投手はたくさんいたって困ることはない。

オリックスの補強は森脇が主導して進めたこととは思えない。森脇は機動力を使った、投手力で守り抜く野球がしたかったに違いない。

ところがフロントは違った。動けない、旬を過ぎたと思われる選手ばかりをかき集めてきた。これでは森脇もたまらない。

結局、糸井は前年ほどの働きをすることなく、中島、小谷野、ブランコも揃って低迷した。頼みの金子も開幕時にはおらず、シーズン途中から戦列に復帰したものの、前年の16勝からほど遠く、わずか7勝で終わった。

負けるべくして負けた。これが2015年のオリックスだったのは間違いないが、そこにきて森脇の後に監督代行を務めた福良《ふくら》淳一が正式に監督になった。だが、彼の目指すべき野球というものが見えてこない。今季のオリックスは昨年以上に厳しい戦いを強いられるような予感がしている。

## オーナーの現場介入など聞いたことがない

私は南海で8年間、ヤクルトで9年間、阪神で3年間、楽天で4年間、監督を務めてきた。どのチームにも共通しているのは、「弱いこと」だ。つまり、私が指揮したチームは、V9時代の巨人、80年代半ば以降の西武のような常勝チームでもなければ、優勝争いに顔を出すのさえ厳しいような、そうした戦力であった。

それでもヤクルト時代は9年の間にリーグ優勝4回、日本一3回という成績を残せた。ヤクルトの監督を務めた1990年から1998年までの間、他のチームはと言うと、巨人はリーグ優勝が3回（日本一が1回）、広島はリーグ優勝が1回（日本一なし）、横浜はリーグ優勝が1回（日本一が1回）というのだから、ヤクルトでは一定の成果を上げることができた。

ヤクルトで成功したのには理由がある。当時の相馬《そうま》和夫球団社長が、私の指導や采配に全幅の信頼を置いてくださったからにほかならない。

私が相馬社長から監督就任を要請されたとき、

「1年目は土を耕し、2年目は種をまいてそれを育てて、3年目で花を咲かせます。それまで待っていただけますか？」

そう尋ねると、相馬社長は開口一番、

「すべて任せます。好きにやってください」

とおっしゃってくださった。後で聞いた話だと、ヤクルトの本社内部では私の監督就任に反対する声もあったそうだ。その理由は、「生え抜きではない」から。なるほど、そうした意見があっても不思議ではないなと私は妙に納得したものだが、それでも相馬社長は私を信じ、補強から人事にいたるまで全面的にサポートしてくださった。


その結果、私は自分の信念に基づき、采配がふれたし、周囲の雑音に惑わされることもなかった。相馬社長の英断がなければ、ここまで素晴らしい成績はおさめられなかったに違いない。まさにヤクルトは私が監督をするにあたって、理想的なチームだった。

しかし、プロ野球界にはヤクルトのようなチームは珍しいほうだ。むしろ、カネは出さないが口は出したり、まったくの無関心だったり、勝った、負けたの結果にしか興味のないオーナーや社長ばかりなのだ。

もちろん勝敗は大切だが、それにばかり固執してしまうと、チームとして大切な、人づくり、つまり育成の部分がおろそかになってしまう。人を作れなければチームは作れないし、試合も作れない。

2015年の夏、楽天の三木谷浩史《みきたにひろし》オーナーが現場介入しているという報道があった。私が仲のよいメディアの関係者から聞いた話によると、三木谷オーナーは先発オーダーの変更の指示までしていたそうだ。

通常、先発オーダーは打撃コーチが練習での選手の調子や相手投手との相性などを考慮に入れて監督に進言、それを参考に監督が決めるものだが、楽天ではそれを三木谷オーナーがチェックすることが慣例化され、直接ダメ出しされることもよくあったらしい。また、一軍と二軍の選手の入れ替えの指示もオーナーからあったという。

これには驚きを通り越して呆《あき》れ返った。オーナーが打順を決めるなんて、長いプロ野球の歴史のなかでも初めての愚挙と言ってもいい。ただし、裏を返せば監督である大久保博元《ひろもと》の采配を信用していないということなのだろう。

私から見ても、大久保は監督向きではない。しかし、彼は西武の一軍打撃コーチ時代、中村剛也《たけや》や栗山巧《たくみ》、片岡治大《やすゆき》、中島裕之らを一人前の打者へと成長させたように、技術を教える能力はある。かくいう私も、楽天の監督時代に大久保が推奨していたアーリーワークと呼ばれる早朝練習がどれだけ効果があるのか、コーチに偵察させたほどだ。

だが、技術を教える打撃コーチと監督では、求められる役割がまったく違う。監督は、試合中の作戦や継投も常に考え、状況に応じて戦術を変えていかなければならない。そうしてたくさんのアンテナを張り巡らせていたって、負けるときはある。

ましてや楽天という弱小チームだ。13年には球団創設以来初のリーグ優勝、そして日本一に輝いたが、このときは田中将大《まさひろ》という無敗のエースがいたからこそ勝ち取れたのである。それが証拠に、田中が抜けた14年は最下位になり、オーナーが現場介入した15年も最下位に沈んだ。

オーナーの現場介入の一報を受けて、アマチュア球界では、「教え子を楽天には入れたくない」という声が上がっているという。監督が監督の能力を発揮せずに、オーナーの命令に従っているだけなのだから、そう思いたくなる気持ちは当然だろう。私は2006年から4年間、このチームの監督を引き受けたが、今となっては、「こんなチームの監督をやるんじゃなかった」と後悔している。

## 広島をダメにしたのは緒方孝市ではなく、山本浩二である

2015年の広島は、例年にない盛り上がりを見せていた。それもそのはず、アメリカでまだバリバリやれるはずの黒田博樹が突如復帰を決めたからだ。それに若手エースの前田健太も健在ときている。「24年ぶりに優勝できるかもしれない！」と選手だけでなく、ファンも同様に思ったって不思議なことではない。

しかし、蓋《ふた》を開けてみると、シーズン当初からBクラスに低迷。夏場過ぎに優勝戦線に顔を出すようになったものの、前半の借金が大きく響き、優勝はおろか、Aクラスにさえ入ることができなかった。

黒田は11勝、前田にいたっては15勝で最多勝と沢村賞のタイトルを獲得している。彼らが額面どおりの活躍をしているのに、どうして優勝できなかったのか。ふがいない打撃陣の低迷も理由に挙げられるが、結局何をしたかったのかよくわからない、監督の緒《お》方孝市《がたこういち》の迷采配も見逃してはならない。

緒方は広島ひと筋29年の外野手出身の監督だ。外野手は試合を多角的に分析するよりも、己の打撃と守備でチームを勝利に導こうと考えるもの。ゆえに采配は苦手という人物が多い。

緒方が広島に入団以後の監督と言えば、1987年から1988年が阿南準郎《あなんじゅんろう》、1989年から1993年、2001年から2005年が山本浩二、1994年から1998年が三村敏之、1999年から2000年が達川光男、2006年から2009年がマーティ・ブラウン、2010年から2014年が野村謙二郎だった。阿南は前任の古葉竹識《こばたけし》の流れを汲んだ野球をやっていたが、その後の山本浩二が広島の野球を壊した。

たしかに彼が監督のときの1991年にリーグ優勝をしているが、このときは佐々岡真司、大野豊、川口和久、北別府《きたべっぷ》学らの投手陣が円熟期を迎え、前田智徳《とものり》、江藤智ら若手の野手が台頭しだして投打がうまくかみ合ったからにすぎなかった。

私自身、ヤクルトの監督をしていたとき、山本が率いる広島と対戦して、やりづらさを感じたことは一度もなかった。攻撃面は奇襲のないオーソドックスな野球で、守りは投手の調子がよければ勝つ。そんな具合だったので、この年を最後に、山本が率いた残り7年間はBクラスというありさまだった。

では、どうして彼が監督になれたのか。それは地元出身の生え抜きのスター選手であることが挙げられる。つまり、監督に必要な資質、能力とは違う評価で決まったというわけだ。これでは勝てるわけがない。

緒方は誰をモデルに監督を務めているのかわからないが、少なくとも就任1年目の2015年は、「おおっ！」と唸《うな》るような采配は一つもなかった。反対に、「いったい今の采配は何だ!?」と不思議に思うような采配は数知れず。これでは勝てないなというシーンを何度見たことか。

昨季の試合で象徴的なのはCSの出場がかかった、マツダスタジアムでの中日との最終戦だ。勝てば阪神を抜いて3位になるというこの試合、本来であれば先発のはずの黒田をリリーフで待機させ、エースの前田を先発起用して、総力戦で勝ちにいこうとした。だが、この試合限りで現役を引退することになった中日の山本昌《まさ》の最終登板を終えた後は、ゼロ行進が続いた。広島の打者はことごとく凡打の山を築き、前田も7回で降板した。山本昌の引退試合以外、ほかにチームとして目標のない中日相手に、1点もとれないとはどういうことなのか。

そうこうしているうちに、2番手で登板した大瀬良《おおせら》大地が中日打線につかまり、3点を献上。結局、広島打線は中日から1安打しか打てず、0対3で完封負けを喫し、CS出場は露と消えた。

いったい黒田を何のためにリリーフ待機させていたのか。試合前に大瀬良の登板を考えていたとしても、0対0の緊迫した状況で、なおかつ味方打線が打てずにいたのなら、8回はカンフル剤として黒田の投入をしたってよかった。彼がマウンドに立つことで、チームメイトの奮起はもちろんのこと、球場の雰囲気だって大きく変わったはずだ。そうした目に見えない力が後押しして、劣勢を跳ね返すことは往々にしてよくある。

だが、緒方は大瀬良を投入したことで、無難にいこうとした。雌雄《しゆう》を決するような大一番を迎えた場合、一か八かの勝負手を打つことは指揮官として必要なことだ。だが、緒方はそうしなかった。そのことが本当に悔やまれてならない。

## 伊東勤に期待したいこと

パ・リーグはソフトバンクの圧勝だったが、その一方で、「この戦力でよくAクラスを死守できたものだ」と感心したのが、千葉ロッテである。チーム打率はリーグ4位、おまけにチーム防御率だって5位と、決して褒められた数字ではない。個人成績にしたって、涌井秀章《わくいひであき》が最多勝を獲ったものの、それ以外に目立った活躍をした選手を挙げるほうが難しい。

それでもAクラスに入れたのは、監督である伊東勤《つとむ》の手腕によるところが大きい。伊東は80年代、90年代の強い西武になくてはならない存在だった。西武は1985年から1994年までの10年間でリーグ優勝9回、日本一6回とV9時代の巨人に負けずとも劣らない成績を残せたのも、伊東の成長によるところが大きかった。

ロッテは14年に長く正捕手を務めた里崎智也が引退した。彼のリードは正直、対戦していて怖さを感じたことがなかった。ダイエー、ソフトバンク時代の城島《じょうじま》健司と一緒で、イケイケドンドンの強気で攻めてくる配球だった。

これだと投手の調子がよかったり、球に勢いのある投手だと抑えられるが、ちょっと球威の落ちるような投手だと、ガツンと痛打を浴びせられてしまう。実際、ロッテとの試合では、前半にリードされていても、後半に中継ぎ以降の投手を引きずり出すことさえできれば、試合をひっくり返すことができる。そうした思いで、楽天時代の私は采配をふっていた。

ロッテの捕手は、若い田村龍弘《たつひろ》、吉田裕太を併用していた。経験不足のため、2人とも投手にサインを出すときには自信なさげにしていたのだが、これも経験を積んで1球の怖さを思い知ったらもっと成長してよい捕手になるに違いない。

とくに吉田は立正大出身で、監督の坂田精二郎は、私がシダックスの監督をしていたときの教え子だ。彼には配球や打者心理など、ありとあらゆる野球論を指導した。吉田はその坂田から大学時代に指導されたわけだから、私の孫弟子にあたるわけだ。

今、12球団を見渡して、これという捕手は見当たらない。巨人の阿部慎之助が少しは捕手らしくなってきたと思ったら一塁にコンバートされ、全体的に小粒な選手ばかりになってしまった。実に寂しい限りだ。

伊東は西武の監督時代、細川亨《とおる》を一人前の捕手に育て上げた。細川はFAでソフトバンクに移籍したものの、2015年のヤクルトとの日本シリーズの第4戦の攝津正《せっつただし》とのバッテリーで、山田哲人、畠山和洋を外角、内角へと見逃し三振に打ち取った配球は、お見事という言葉以外に思い浮かばないほど素晴らしかった。

細川は捕手に必要な目配り、気配り、思いやりがある。私が楽天時代に「いいリードをしているな」と思えた捕手は、細川だけだったということを、あらためて思い出させてくれた。

伊東にはぜひとも、ロッテでも球界を代表するような、細川以上に素晴らしい捕手を育ててほしいと期待している。

## 栗山英樹は選手の身だしなみまで指導すべき

エースと4番は育てられない――これは長年、野球界に携わった私の持論の一つだが、その二つがあったら、これほど楽なことはない。下馬評は低かったものの、ソフトバンクに次いで2位という成績を残した日本ハムのことである。

エース・大谷翔平、4番・中田翔。これほどまでに投打の軸がしっかり揃っているチームなのだから、あとのポジションや打順はどうにかなるものだ。

とくに大谷の成長は著しい。私は彼の二刀流には今でも反対しているが、早く投手に専念すべきと思えるほどの飛躍を遂げた。そもそも160キロを投げる投手など、アメリカにだって多くはいない。しかも外角低めに投げるストレートのコントロールも素晴らしく、原点能力は12球団でもトップクラスと見てよい。

あとはどれだけシビれる場面で抑えられるのか。幾多の修羅場を乗り越えるような経験を積んでいけば、田中将大、ダルビッシュ有《ゆう》以上の投手になり得るだけの素材だ。

日本ハムはしっかりとしたチーム編成の方針がある。チームの編成を決める際、監督はポジションごとの戦力図を描く。ポジションごとに選手名と年齢を並べ、必要ならば投打、実績なども加えていき、それで補強ポイントやチーム内で重点強化していかなければならない選手をピックアップしていく。

そして球団のフロントは、そこに年俸という要素も加えていく。球団は戦力だけでなく、年俸のバランスも考えて編成をしていかなくてはならない。プロ野球球団の経営はビジネスであり、親会社の宣伝機関であることを考慮すれば、球団だけが赤字を垂れ流しするようなことは許されない。

そこで年俸の高くなったベテラン選手をトレードに出したり、実績のある選手にはFAを容認して、次世代の若手選手を育成しながら優勝を目指していく。この原則を見る限り、日本ハムは他球団よりも一歩も二歩も進んでいるという印象を受ける。

では、監督である栗山英樹はどうかと言うと、采配面や戦術面でかなり細かくやっているとの話を耳にした。私がヤクルトの監督に就任したとき、2年間という短い期間だけ一緒にやっていたが、当時のミーティングなどで私の影響を受けた面もあるのだろう。

ただし、選手の身だしなみまでは指導していないようだ。中田や陽岱鋼《ようだいかん》ら、チームの中心選手が茶髪や長髪だったりするわけだから、彼らより年下の選手たちは、「先輩たちがそういうスタイルならば」などと、真似をしてしまう。

「髪の乱れは心の乱れ」と言うが、私は的を射た言い方だと思っている。そもそも親からもらった体を、どうして変えてしまうのだろう。やっていることは整形と変わらない。

こうした面まで監督が指導しなければならないというのは、何とも情けない限りだが、野球以外の面まで苦言を呈することができないようでは、いい指導者とは言えない。日本ハムが優勝を目指しているというのであれば、外見も含めて選手を指導してもらいたい。

## 個人の力量に頼る野球では、西武はいつまでも勝てない

２０１５年のプロ野球のベストナインが決まった。セ・リーグで2位に終わった巨人からは、９年ぶりに誰も選出されなかった。それもそのはず、投手も野手も目立って活躍をした選手もいなければ、１４４試合フル出場した選手も一人もいない体《てい》たらくだったので、それも仕方のないことかもしれない。

その一方で、シーズン最多安打の記録を更新した秋山翔吾、本塁打王と打点王の二冠を獲得した中村剛也、浅村栄斗《ひでと》や森友哉《ともや》、エルネスト・メヒアら、ソフトバンクに劣らない強力な打撃陣を擁しながら、西武は4位に終わった。

森祇晶が監督の頃の西武は、守りの野球を掲げ、手堅く1点をとりにいっていた。勝負どころで決してミスをすることなく、まさにＶ９時代の巨人の野球をそのままやっていたかのようだった。

だが、今の西武は残念ながら違う。8月に13連敗を喫したように、攻守ともにここぞ

という場面で粗さばかりが目立っていた。かつての西武と同じチームとは思えないほどの、隙だらけの大雑把な野球をしていた。

どこでこのようになってしまったのか。私は14年まで指揮を執っていた渡辺久信に原因の一端があるのではないかと思っている。

渡辺は前橋工からその実力を買われ、１９８３年のドラフト1位で西武に入団。２年目に頭角を現し、その後、西武のエース格として80年代後半から90年代前半にかけて、活躍した。

だが、その後はストレートの球威が衰えてくると、勝ち星が思うように伸びなくなり、ヤクルトや台湾リーグなどでプレーした。そして西武に２００４年に投手コーチとして復帰すると、その翌年から二軍監督となり、２００８年に一軍監督となった。

渡辺は選手に緊張感を与える威厳や貫禄にはいささか欠ける反面、兄貴分のような雰囲気を醸し出し、就任1年目でいきなりリーグ優勝、日本一となった。だが、結果的にこのときのリーグ優勝、日本一を最後に、西武は優勝から遠ざかっている。

私が思うに、選手たちと積極的にコミュニケーションをとってばかりいると、選手たちから一目置かれるような存在として見られなくなるのではないかと考えている。その証拠に、渡辺が監督のときの選手は茶髪は当たり前、ユニフォームの着こなしだって裾が長く、まるでパジャマを着ているかのようだった。

外見の乱れは心の乱れにつながり、心の乱れはプレーの乱れとなって影響を及ぼしていく。実はこのことを理解していない指導者がほとんどではないだろうか。

それに加えて、西武の選手たちの個々の力や成績は、巨人の選手以上、もしくはソフトバンクの選手とひけをとらないにもかかわらず、チーム成績は4位とBクラスで終わった。最大の要因は、個人の技量だけで野球をやっているからだ。そのことは、試合における浅村のスイングを見ていればよくわかる。彼は当たればホームラン、当たらなければ三振と、まるでかつてのヤクルト時代の池山隆寛を見ているようだった。

マスコミに「ブンブン丸」と命名され、本人もまんざらではなかったようだが、首脳陣からしたら三振の山を築く池山にはほとほとうんざりだった。そこで私は、チームバッティングをすることの大切さ、ひいてはそれがチームの勝利に結びつくのだということを助言したら、少しずつだが変わっていった。90年代にヤクルトが4度のリーグ優勝を飾ることができたのは、池山自身がチームバッティングを心がけるようになったこともその要因の一つだ。

渡辺が監督のときに乱れた風紀は、田邊徳雄《のりお》に監督が代わったところで、簡単に戻るものではない。それ以上に、田邊がどんな野球を目指していこうとしていたのか、残念ながら昨季は見ることができなかった。

西武をかつての常勝チームにするというのであれば、浅村に代表されるブンブン振り回すバッティングをあらためるべき。私はそう考えている。

## 和田豊は監督としての力量が不足していた

阪神はどこまでいっても阪神である——それが2015年のシーズンだった。大混戦のセ・リーグをいち早く抜けて、8月に首位には立ったが、それでも私は阪神の優勝は難しいと予想していた。9月に入ればいつものように失速する。そう考えていたからである。

案の定、阪神は9月に連敗を重ね、ヤクルト、巨人に追い抜かれた。一つも負けられなかった9月22日からの東京ドームでの巨人との2連戦も連敗。この時点で阪神の15年のシーズンは終止符を打たれたと言ってもよい。

阪神の敗北の原因は、監督である和田豊の采配にある。和田は私が阪神の監督を務めた3年間は、現役の選手だったが、超がつくほどの真面目だったという印象が強い。しかしながら、それ以外に思い出すような特徴らしい特徴はこれといってない。

采配にはその人の性格が表れる。もちろん、いい面もあれば、悪い面もあるのだが、和田の場合はオーソドックスな正攻法の采配を好み、奇襲や奇策など、「おっ！」と見ている私たちを唸らせるような采配をふることは一度もなかった。

選手起用についても無難に、安全策を貫こうとして、思い切った若手の抜擢には踏みきれなかった。福留《ふくどめ》孝介や西岡剛《つよし》、マット・マートン、呉昇桓《オスンファン》など、外様の高額年俸の選手を優先的に起用せざるを得ない事情があったとは言え、12年から監督を務めた4年間で、彼が育てた若手選手というのは、見当たらない。

唯一、エース格に成長した藤波晋太郎の名前が挙がるが、彼は高校時代に甲子園で春夏連覇を成し遂げた実力者である。和田が育てたと言うよりは、藤波がプロの世界で成長したとみるのが妥当だろう。

私はこれまでに多くの媒体で言ってきたが、阪神の選手たちには「優勝するんだ！」という気概が希薄である。これはもう伝統がそうさせていると言ってもよい。

阪神のフロント内には、「巨人には勝て。ただし、優勝はしなくてもよい」という考え方が浸透していた。巨人に勝てば新聞は大きく取り上げてくれるし、グッズが売れ、たくさんのお客さんが甲子園球場に足を運んでくれる。だが、優勝してしまうと、選手の年俸を上げなくてはならない。それならば優勝する必要はない、というわけだ。

では、どんな監督が球団にとってよい監督なのか。それは、フロントの言うことを素直に聞いてくれる人物である。私のようにうるさ型の人間だと、球団内部から異論や不満の声が高まり、少しでも成績が落ちると、「辞めさせるべきだ」などという雰囲気になってしまう。それならばイエスマンのほうがありがたい。そうして決まった監督が和田だったのではないのだろうか。

和田は監督になる前は、一軍打撃コーチや守備走塁コーチなどを務めていた。たしかに1993年にリーグ最多安打を記録したり、ゴールデングラブ賞を3回受賞した技術を、選手に正しく伝えて指導する能力はあるかもしれない。だが、監督となると話は別だ。

監督に必要なのは、戦略や戦術であり、また選手の育成も同時にしていかなくてはならない。技術を教えられる能力と、監督が備えるべき資質はまったくの別物なのだ。そのあたりを阪神のフロントは理解していない。

さらにシーズン中、和田はことあるごとに実績のあるベテラン選手や助っ人外国人選手は大人扱いして、経験の少ない若手選手には厳しく当たった。コーチの立場であればそれでも構わないだろうが、監督であれば実績のあるベテラン選手ほど厳しく当たらなければならない。

第1章でも人は「無視」「賞賛」「非難」の3段階で試されると述べたが、一軍にいるものの、実績の乏しい若手選手は褒めてあげることも大切だ。そうして自信を持たせてあげることで、思い切ってプレーできることだってある。

だが、ベテラン選手はチームの中心だ。「その程度の成績で満足するな」と叱ることで、さらなる成長を促す。そうした指導ができるのは、コーチではなく、監督だけなのだ。この点を和田は今一つ理解していなかったようだ。

結局、和田は監督を務めた4年間で5位、2位、2位、3位という順位に終わった。数字だけ見るとAクラス3回は立派な数字に見えるが、2014年はマートンが首位打者、マウロ・ゴメスが打点王、ランディ・メッセンジャーが最多勝、呉がセーブ王と、阪神の選手が4つのタイトルを獲得しながら、巨人を超える成績を残すことができなかった。

しかも毎年のように9月にチームが失速していた。残り試合が20を切ると、監督の能力の見せどころとなるのだが、連敗を重ねた和田の采配を見るにつけ、彼には監督という肩書の荷が重すぎたのではないか、そう思えて仕方がなかったのである。

## サングラスをかけて指揮を執る監督にモノ申す

ここまで12球団の監督について述べてきたが、最後にこれだけは言わせてほしい。最近のデーゲームを見ていて非常に気になることがあった。それは監督がサングラスをかけて指揮を執っていることだ。

選手はフライを追っていて太陽光線が目に入ればプレーに影響するのだから、サングラスが必要なときもあるだろう。けれども監督までサングラスがはたして必要だろうか。ただ単に、格好よく見られようとしているとしか思えない。

今から3年前の2013年の1月、オリックスの当時の森脇浩司監督が、沖縄の宮古島での合同自主トレを視察し、主力のT−岡田に対して、「キャンプ中はサングラスを禁止する」と通達した。日差しの強いときにサングラスは必要だろうが、必要のないときに頭の上や後頭部にサングラスをかけるしぐさをすることに苦言を呈し、「チャラチャラするな」という意味合いが森脇にはあったと言う。

私も森脇の意見には賛成である。選手にこうした意識を植えつけようとするのは、彼らしい考え方だと思えたものだが、これは監督にだってあてはまる。サングラスをかけて指揮を執るよりも、そうしたものをつけずに指揮したほうが、選手たちだって本音で接してくれていると思えるのではないだろうか。

よく考えてほしい。たとえば会社で、上司がサングラスをかけて仕事をしていたらどう思うだろうか？　部下の立場からしてみたら、「何を考えているのか、本心がわからない」と不安に思うだろうし、それ以前にサングラスをかけて仕事をしている上司など、会社にはいないものだ。こうした上司がいるとしたら、夜の水商売関係など、昼間の仕事に従事していない人たちではないだろうか。

私たちが若いときは、少しでもおかしなことをすると、先輩たちから注意されたものだ。それによってチームに緊張感が走り、ピリッとした雰囲気になるものだったし、チームも引き締まっていく。

だが、今はチーム内にそうした教育係のような人はいないのだろうし、ましてやチームを指揮する監督からして、サングラスをかけて采配をふるようなありさまだ。監督たるもの、格好ばかり気にして采配をおろそかにしてほしくないものである。

# 第3章

# 私が仕えた4人の監督

## 南海を選んだ理由は「レギュラーに一番近かったから」

18歳で南海ホークスにテスト生として入団してから、西武ライオンズで現役を終えるまでの間、私は4人の監督に仕えた。最初は鶴岡一人さんで15年、続いて飯田徳治《とくじ》さんが1年、金田正一《まさいち》さんが1年、根本陸夫《りくお》さんが2年だった。ここでは4人の監督の下で私がどう現役時代を過ごしていたのか、語っていく。

私がプロの門を叩いたときの監督は鶴岡さんだった。水原茂さん、三原脩さんと並んでプロ野球三大監督のうちの一人であるが、私は最初から鶴岡さんに期待されていたわけではない。むしろ逆境からのスタートだったと言ってもいい。

私が南海にプロ入りしたのは今から62年前の1954年だった。京都の峰山《みねやま》高校という、甲子園とは縁もゆかりもない、まったくの無名校だったので、スカウトから注目されるような選手でもなかった私は、自力でプロの扉をこじ開ける以外の方法はなかった。

それともう一つ、私は密かな夢を抱いていた。それは、プロの世界で成功しなければ母校に戻って監督として甲子園に出場したいと考えていたのだ。

当時の京都は平安高校、京都商業と京都市内の学校が圧倒的に強く、北部に位置していた私の学校は甲子園など夢のまた夢の世界。それだけに後輩たちに甲子園の土を踏ませることも夢の一つとして脳裏に描いていた。

私が生まれ育った丹後半島の西部、日本海に面した竹野郡網野町《あみの》（現在の京丹後市）は、丹後ちりめんの町として栄える一方、世間に名の知られるような大会社の社長はいなかった。それゆえサラリーマンになって出世しようと考えもしなかったし、何より自分で事業を起こすにはお金がいる。

父が戦争で亡くなり、母子家庭で育った私からしたら、大金を稼ぐには役者か歌手、それにプロ野球選手しか考えつかなかった。だが、役者を目指すには色男ではないし、歌手を目指すには美声とはほど遠かった。そこで目指したのが残りの一つであるプロ野球選手だったというわけだ。

そうしたなか、南海の入団テストを受けた。南海に決めたのはただ一つ、レギュラーになるには近道の球団と思ったからである。

本当は巨人が好きだったが、当時は藤尾茂さんという強肩強打の捕手がいた。とてもじゃないが、甲子園すら出場していない田舎の高校出の私が太刀打ちできる相手ではない。

そこで巨人は早々と諦め、各チームの選手が載っている選手名鑑を手に入れ、自分の実力とレギュラー捕手の力を天秤にかけ、自分が活躍できる可能性を模索した。20代の捕手がいるチームを消去していった結果、残ったのは南海と広島の2チームだった。

そこで両チームを比較したら、京都から近い大阪とまったくなじみのない広島、二軍の若手を育てるのがうまいと定評のあった南海と、戦後に球団が創設されたばかりで弱小チームの広島。そう考えたとき、私は南海が向いていると判断した。

そして300人以上が参加した南海のテストを受験、私はどうにか合格した。年俸8万4000円、月給にして7000円。プロ野球選手になれば大金がもらえると思っていたが、理想と現実はまったく違ったものの、私にとっては一生忘れることのできない数字だ。

不思議に思ったのは、合格した7人のうち、投手2人、外野手1人、そして捕手が4人もいたことだ。けれども、入団してまもなく、その理由がわかることとなった。

## 「ブルペン捕手として採用した」と伝えられ、愕然とした

いざプロ入りしてみると、スピードやパワーといった能力が高校時代までとはまったく違うことを思い知らされた。「とてもじゃないが、太刀打ちできないな……」、そう弱気になることもしばしばあった。

そんなあるとき、ふと気がついたことがあった。私たちテスト生は練習こそやらせてもらえるものの、試合には二軍ですらまったく使ってもらえなかった。明けても暮れても練習、練習ばかりの日々だった。

不思議に思った私が二軍のキャプテンに、

「あの、我々テスト生は、一度も試合に出させてもらえないんですが、なぜなんでしょうか？」

と尋ねてみると、驚くべき答えが返ってきた。

「やっと気づいたか……。お前らは期待の新人として獲ったのではない。あくまでも

〝カベ〟として獲ったただけなんだ。だから二軍でも試合に出ることはまずないし、そもそも期待だってされていないんだ」

私は愕然とした。カベとはブルペンでひたすら投手の球を受けるだけの仕事、すなわちブルペン捕手のことである。来る日も、来る日も、投手の調整のために球を受け続けなければならない。

今まで私たちが試合に出させてもらえなかったのは、そんな理由があったからなんだ——。

そこでふと思い返してみると、私を含めテストで合格４人の捕手は、熊本や和歌山の田舎の出身者ばかり。野球名門校出身の選手たちでは、カベという地味で単調な仕事は嫌がると思っていたのだろう。

実際、私は先輩投手から名前で呼ばれず、「カベ」と呼ばれ続けた。それが屈辱で仕方がないからといって、不貞腐れてもいられない。私はプロの世界で成功する。成功できなくても野球を勉強する。そう考えていたのだから、ちょっとやそっとのことで、落ち込んではいられなかった。

そんな当時の状況でも、一つだけ幸いだったことがある。それは、一軍に帯同するブルペン捕手に当たると、試合に出場するチャンスがあったことだ。当時のプロ野球は、今のように厳密なルールはなく、一軍登録した選手でなければ試合に出場できないということではなかった。ユニフォームさえ着ていれば、その場にいた選手が試合に出られるような、そんな状況である。

そのため、10対0などという大差のついた試合だと、「ちょっとアイツにも打たせてやろう」という具合で、カベである私にも、代打で打席にチャンスが回ってきたのだ。

しかし、結果は11回打席に立って無安打、三振5つという成績が入団1年目に私が記録した数字だった。

「やはりテスト生から這い上がるのは難しいことなのか」――将来への不安を漠然と抱き始めたのと同時に、「このままではいつクビを言い渡されてもおかしくない」、そういう危機感も抱き始めた。

## たった一度のチャンスが巡ってきたハワイキャンプ

無名の一選手だった私が入団できた経緯を二軍のキャプテンから聞き、一軍の監督だった鶴岡さんが、私に期待していないことが判明すると、私はどうにか自分の力量をチームの首脳陣に知ってもらいたいと思い、必死にアピールした。テスト生で入団したということは、モノにならないと判断されればいつでもクビを切られてしまう。

実際、1年目のオフに、解雇通告をされた。「もう1年だけ、やらせてください」と必死に訴えて、なんとかクビがつながったのだが、とにかく早く結果を出す必要があった。

入団してから3年目の春季キャンプは、前年のリーグ優勝のご褒美ということで、ハワイでキャンプを行なうことになった。私は前年、一軍の試合に1試合も出場していなかったが、ブルペンで投手のボールを受ける捕手の数が足りないという理由で、二軍から一人捕手を選ぶとなったとき、二軍監督が「まじめで一生懸命やるし、最近打撃もよくなってきた」という理由で、私を推薦してくれたのだ。

だが、このキャンプが鶴岡監督にとっては大誤算だった。当時はほとんどの人が海外旅行などしたことのない時代、ハワイに到着するまで12時間以上かかった時代である。多くの人の憧れだった常夏の島に着くと、ほとんどの選手が観光気分で夜の街へ繰り出していった。それに昼間は暑いから、練習にも身が入らない。そこそこ練習をして、夕方になればみんな一目散に遊びに行ってしまった。

私はブルペン捕手兼用具係の身分で同行していたのだが、練習後にボールを数えて何個紛失したか、マネージャーに報告してホテルの部屋に着いた頃には、部屋には誰もいなかった。私は遊びに行くお金もなかったので、黙々と毎晩バットを振っていた。

だが、そんな先輩たちの姿を見て、鶴岡監督の雷が落ちた。

「お前らは日本に帰ったらクビじゃ。分もわきまえずに遊びまわりやがって」

ハワイチームとの親善試合も、レギュラー捕手は肩の痛みで欠場しているのに、監督の逆鱗《げきりん》に触れた控えの先輩捕手も、試合に出られない。

「もういい、野村。お前が行け」

鶴岡さんは半ば諦め気味にこう言った。だが、私にとっては自分をアピールする大チャンスだ。むしろこの機会を逃したら、もう二度とチャンスはやってこないかもしれない。そう考え必死に打席に立った。

ハワイチームは日本で言うところの二軍レベル程度。待ってましたとばかりに、ヒットを重ね、打率3割をマークし、自信とともに手応えを感じた。

そしてハワイキャンプから帰国した翌日、新聞を読むと、「ハワイキャンプは大失敗だった」の大きな見出しが目に入った。そして、「みんな観光気分で練習どころではなかったが、一つだけ収穫があった」と書いてある。

続けて読むと、「それは野村に使えるメドがついたことだ」とあった。この一文を見て、「救われた」と胸をなでおろした。

このときの経験があったからこそ今も思う。選手である以上、相手のチームと戦う前に、まずは監督と戦わなければならないのだ。つまり、監督にアピールして結果を残さなければ、試合出場のチャンスは巡ってこない。

私は後に監督になってから、「相手チームと戦う前に、まず監督であるオレと戦いなさい」と選手に言い続けてきた。試合で相手チームと戦う前に、監督に自分をアピールして、評価してもらわなければ試合に出る機会も与えられない。

「アイツはいい選手じゃないか」と、首脳陣が目に留めてくれるような選手になるには、少ないチャンスを生かすこと。それができなければ後は淘汰されてしまうだけ。厳しいようだが、それがプロ野球の世界では、当たり前のことなのだ。

それにプロは一軍の試合に出て活躍しなければ、お金は稼げない。どんなに技術があっても、あるいはどれだけ二軍で実績を積み重ねていっても、一軍でよい成績を残せなければ首脳陣への評価につながらない。監督に「よし、アイツを使ってやろう」という気にさせなければ、試合には出場できない。だからこそ、自分自身の力を監督にアピールする必要があるのだ。

このことを考えたときに、真っ先に思い浮かぶのが、入団3年目のハワイキャンプだ。プロの世界で食べていくために、このチャンスを逃してなるものか。私はそうした気概に満ちあふれていた。一度つかんだチャンスは絶対に離してなるものか。私はレギュラー確保に必死だった。

## 鶴岡さんには徹底的にしごかれた

鶴岡さんとの思い出と言えば、私にとっては叱られた記憶しかない。ちょっとしたミスで叱られ、たとえホームランを打っても、「お前は一流は打てんが、二流はよう打つのう」と言われる始末だった。

それに叱られるときは、決まって軍隊用語が飛び交った。当時のプロ野球の監督は、戦争から帰って来た軍人上がりが多く、鶴岡さんも例外ではなかった。

軍隊時代に鶴岡さんは将校として指揮を執っていたから、言葉の端々に「連帯責任」「営倉《えいそう》（大日本帝国陸軍に存在した、下士官兵に対しての懲罰房のこと）に入れるぞ」など と軍隊用語ばかり出てきた。あるとき、「連帯責任」のため、大阪球場のコンクリートの通路に正座させられ、ビンタを食らったこともあった。

まさに精神野球。「根性だ、気合いだ」と尻を叩かれ、今では考えられないような非科学的な練習は当たり前。鶴岡さんの野球は軍隊式の精神野球そのもので、一軍で試合に出始めた頃の私は、毎日怒られていた。

こんなエピソードがある。西鉄との試合で塁上に走者を溜めた場面、ここで中西太《ふとし》さんを迎えた。そして、ドでかい本塁打を打たれる。ベンチに戻った私に鶴岡さんは開口一番、「おい、何を投げさせたんだ?」と聞く。私が「真っすぐです」と答えると、「バカたれ!」と叱責された。

「そうか、ピンチの場面で中西さんのような強打者を迎えたら、カーブで勝負すればいいんだな」

そう思って西鉄戦を迎え、同じような場面で再び中西さんと対戦した。カウント1ボール2ストライクと追い込み、ここで私はカーブを要求。しかし、中西さんが電光石火のようにバットを振り抜くと、打球はレフトスタンドに吸い込まれていった。

「すごいな。これこそプロのスイング、打球なんだな」

私は感心し、チェンジになってベンチに戻ると、再び鶴岡さんに鬼の形相でこう言われた。「今、何を投げさせたんだ?」、私は胸を張って「カーブです」と答えると、「バカたれ!」と一喝された。

だが前回、真っすぐで勝負したら鶴岡さんに叱責されたために、カーブで勝負した結果である。ベンチ内は緊張感が走っていたが、ここで聞かなければ一生後悔すると思い、私は意を決して鶴岡さんに質問した。

「あのような場面で強打者を迎えたら、何で勝負したらいいんでしょうか？」

ひと呼吸置いた後、鶴岡さんから返ってきた答えが、「よう勉強せい」だった。

なんだこれは、と思った。結果論で叱っているだけじゃないか。相手チームの強打者を抑えたら「よくやった」、ヒットやホームランを打たれようものなら「バカもの！」なんて、鶴岡さんでなくとも言える。

私が知りたかったのは、相手の強打者を抑えるには、どういった配球の組み立てをすれば打ち取れる確率が高いのかということだ。これまでの傾向や球場での相性、得点圏での打率など、あらゆる角度から分析されての結論が導き出されるのかと思いきや、まったくそういうわけではないことに、このとき初めて気づかされたのだ。

私は鶴岡さんの答えに落胆した一方で目覚めた。「ここはプロの世界なんだ。生き残るためには自分で考えて、状況を打開するしかない」。私の「考える野球」は、このとき誕生した。

## 「カーブのお化け」が怖くなくなった理由

一生懸命練習しているのに、結果の出ない選手がいたとする。私もそうした時期があった。プロ入りしてから3年目でレギュラーとなり、翌年は西鉄の中西太さんや大毎《だいまい》の山内一弘さんらを抑えて初のホームラン王のタイトルを獲得。「これでプロでもやっていけるぞ」と思った途端、まったく打てなくなった。

打率は2割5分程度となり、ホームランも20本台前半と低迷した私は、「練習が足りないんだ」と思い、手をマメだらけにしながら必死にバットを振った。だが、それでも結果は芳しくなかった。それはそうだろう、私は打てない原因をひたすら練習不足に求め、何をすべきか理解していなかったからだ。

出てくる投手全員が、私がバッターボックスに立つと、必ずと言っていいほど、決め球にカーブを投げてくるのである。そのたびに私のバットはクルリと空を切り、スゴスゴとベンチに戻っていくありさまだった。

私がバッターボックスに立つと、スタンドのお客さんから、

「野村、カーブのお化けがくるぞ!」

「カーブの打てないノ・ム・ラ!」

などとヤジが飛んでくる始末だったが、それでも私は変わらず三振に三振を重ねた。

このままではいけない――そう危機感にあおられた私は、なんとかカーブを克服しようと、さらに練習に練習を重ねたが、それでも結果は出なかった。

先輩やコーチに聞いても、野球は根性、気合いでやるものだとばかり教えられ、アドバイスらしいアドバイスは一つももらえなかった。パワーをつけて、バットコントロールを磨くだけでは限界があり、それだけでは私の課題は乗り越えられないと感じだしていて、野球をすることが苦しくなっていた。

やがて、私はやみくもにバットを振るだけでなく、なぜ打てないのかじっくり考えてみた。そうすると、「自分は不器用である」ということに気づいた。

私は「ストレートが来る」、あるいは「次はカーブが来るぞ」と球種を待っていて、そのとおりに来れば、きちんと打てていたのだが、ストレートと予測したところにカーブを投げられたり、カーブを待っているところにストレートを投げられたりしたら、と

っさに反応できる技術を持ち合わせていなかった。

私も一軍で活躍したての頃は、他チームの投手はなめてかかってきたが、タイトルを獲った後は、「打たれてたまるか」と意地もあるし、裏をかいて攻めてきた。それで読みが外れてしまうと、てんでダメだった……というわけだ。

だが、巨人の長嶋茂雄のように、読みが外れてもとっさに反応できるのは、天性である。彼は変化球を投げられてどんなに体勢が崩れても、外野まで打球を飛ばしてしまうのだ。どんなにバットを振ろうとも、努力し続けても、私にはできない芸当だった。

そのことに気づかないでいた私は、打てない理由を「素振りが足りない」ことと決めつけて、バットを振っていた。

あるとき、私はふと考えた。

「オレは読みが当たったときには対応力があるが、読みが外れたら全然ダメだ。それなら読みの精度を上げればいい」

そのことに気づいたので、相手投手や捕手のクセを探した。その成果もあって、その年は打率2割9分、ホームランは29本打ち、以後も打率3割前後、ホームラン30～40本をコンスタントにマークすることができたのだ。そして、「カーブのお化け」を必要以上に怖がることがなくなった。

たしかに努力は大事だし、努力しようとする姿勢は大切だ。だが、その方法を間違っていては、時間と体力を浪費するだけで、すべてが水の泡となってしまう。

私が日頃から「人間の最大の罪は鈍感であることだ」と言い続けているのは、このときの体験があるからだ。失敗を失敗として自覚していない者、失敗の原因を究明する力に欠けている者は、絶対に一流にはなり得ない。

些細なことに気づいて変化し、その変化が大きな進歩を招く。一流と呼ばれる選手はみな、修正能力に優れている。同じ失敗は絶対にしない。二度、三度と繰り返す者は二流、三流。さらに失敗を重ねていくような選手では、プロ失格なのである。

では、失敗を重ねないようにするためにはどうすればいいか。「なぜ、あんな配球をしたのだろうか」「どうしてあのボールが打てたんだろう」などと、感じる力を身につけることが大切なのだ。

感じる力とはすなわち、その人間の持つ強い熱意、希望、夢だと思っている。そういう強烈な思いからしか、感じる力は湧いてこないものだし、この力を持つ人間は成長していくものだということも、私はこのときあらためて知ったのである。

## たった一度だけ、鶴岡さんから褒めてもらった言葉

鶴岡さんは滅多に人を褒めない。とくに自軍の選手はけなす一方だった。今でもプロ野球界に残っている言葉として、「グラウンドには銭が落ちている」と、何かにつけて「銭、銭」と言っていた。

その一方で、ライバルの西鉄の選手はよく褒めた。大下弘、中西太、豊田《とよだ》泰光といった選手のプレーを見ては、

「お前ら、よう見とけ。あれが銭のとれる選手のプレーじゃ」

そう言われ、田舎から出てきた私は、頭ごなしにそう言われると、落ち込んでしまうこともあった。若いときの体験とは不思議なもので、私は南海退団後、ヤクルト、阪神、楽天で監督を務めたが、選手を叱るとき、必ず鶴岡弁が出てしまった。

「あれが銭のとれる選手だ。お前らもよう見習え」

自分のチームの選手は褒めないのに、相手の選手は褒める。鶴岡さんと15年間、監督

と選手という立場でプレーしていくなか、知らず知らずのうちに鶴岡さんの言葉が身についてしまったのだろう。

では、まったく褒められなかったのかと言われれば、そんなことはない。たった一度だけだが褒められた。それが今でも印象に残っているひと言だった。

前述のとおり、私はテスト生、しかもブルペン捕手という立場で入団したので、鶴岡さんからはまったくと言っていいほど目をかけてもらえなかった。立教大学から鳴り物入りで入団してきた杉浦忠、天才的な野球センスの持ち主だった広瀬叔功《よしのり》らは、鶴岡さんから何かと気にかけてもらった一方で、私はと言えばそうしたことは皆無だった。

だが、一軍に入ってレギュラーとして試合に出始めたある日、大阪球場のベンチ裏で鶴岡さんとすれ違うと、突然こう言ってくれた。

「お前、本当にようなったなあ」

いつもは挨拶しても無視していた監督だっただけに驚いたが、少し時間が経つと急にうれしくなった。

「鶴岡監督がオレを褒めてくれるなんて、オレもこの先、プロでやっていけるに違いない」

それまで何となくやっていけるのではないかと感じていただけに、このひと言は私に勇気と自信を与えてくれた。鶴岡さんほどの監督ならば、人を褒めることへの基準点が高いだろうから、やすやすと選手を褒めることをしない。だが、そうした厳しい目で見てくれる監督の下で、若いときにプレーできたことは、私の野球人生にプラスとなった。

もし、一軍のレギュラーで出場していただけで、褒めてくれるような監督の下でプレーしていたら、私はすぐにダメになってしまっただろう。45歳まで現役を続けていたとも思えないし、そもそも打撃部門のタイトルだってたくさん獲れていたとも思えない。

無視されて三流、賞賛されて二流、非難されて一流。後に私が監督になった際、選手指導の基本となるこの言葉は、私が鶴岡さんに教えられた体験が根底となっている。非難されるレベルになれば、「うぬぼれるんじゃないぞ」「まだまだ成長の余地はあるんだぞ」という意味合いもある。鶴岡さんから教わったことの一つに「人を滅多に褒めないこと」。このことの意味を学んだことは大きかった。

私は1961年から8年連続本塁打王、1963年にはシーズン52本の本塁打を打って当時の日本記録を樹立、1965年には戦後初の三冠王になった。こうした記録が残せたのも、鶴岡さんの厳しい指導があったおかげだと、今でもそう思っている。

## 派閥を作ると、チームは崩壊、低迷する

鶴岡さんは「親分」というニックネームがあるとおり、恭順を示す選手は可愛がり、食事や酒によく誘っていた。南海のチームメイトで言えば、杉浦忠、穴吹義雄、広瀬叔功といった連中がそうだった。当然、親分から目をかけられた選手たちは、「親分を男にしてやろう」と発奮する。そういう意味では一家の団結は強かった。

だが、鶴岡さんから距離を置いている者、反発する選手には徹底的に厳しくあたったのだが、その代表格がなぜか私だった。

私が前妻と結婚するとき、仲人を鶴岡監督に頼みに行くと、

「一選手の仲人を、監督がするわけにはいかん」

という答えが返ってきた。なるほど、もっともだ。私は納得して了承したが、後に広瀬が結婚したときには、鶴岡さんは仲人を務めている。

またある年の正月、私は鶴岡さんの家に挨拶に行った。玄関にはサイズの大きな靴が

ズラリと並べられ、部屋の奥から大きな声が聞こえてくる。鶴岡さんが出てきて「あけましておめでとうございます」と私が言うと、「おお、ご苦労さん」と言ってくれたものの、その後は沈黙して妙な空気が流れた。

何だか私が上がってもいいという雰囲気ではなかったので、「では失礼します」と言って、鶴岡邸をそそくさと後にした。実に後味の悪い正月の挨拶回りだったが、しばらくしてから「あれは派閥だったんだ」ということに気がついた。

人間であれば誰しもが、「人からよく思われたい」と考えるものだ。もちろんプロ野球の監督やコーチだって、選手からよく思われたいであろう。

だが、監督が選手を飲みに連れていったり、食事に連れていったりするのは最悪だ。選手に対して監督としての威厳がなくなり、言葉の重みもなくなってしまう。

監督は選手と勝負する部分がなければならない。野球の知識はもちろん、世間における常識、あらゆる雑学など、体力以外で選手に負けることがあってはならない。負けてしまえば監督としての権威が崩れ、それがチームの崩壊へとつながってしまう。

反対に選手たちは、監督からよく思われたいと考えているものだ。構ってもらいたい、認めてもらいたいと思っているはずだが、だからと言って監督が特定の選手を食事に連れていけば、そこには必ず派閥ができる。そうなれば絶対にチームがおかしくなる。

私が南海の監督を辞任した1977年以後、広瀬、穴吹、杉浦の3人が南海の監督に就任したが、広瀬は1978年から1980年の3年間で5位、6位、5位、穴吹が1983年から1985年の3年間で5位、5位、6位、杉浦も1986年から1989年の4年間で6位、5位、4位、6位と、合わせて10年間、監督をしながら誰一人として優勝はおろか、一度もAクラスに入ることはなかった。

このような成績から察するに、鶴岡さんは子分として彼らを可愛がっていたものの、指揮官としてあるべき姿、勝負の鉄則などは一切教えていなかったとみるべきだろう。

次期後継者となる人材がチーム内から出てきたときには、監督として必要な帝王学を学ばせることは重要なことだが、自分の派閥内の人間を選んでしまうと、どうしても指導する側にも「もう、このくらい教えたのだからいいだろう」という甘えと妥協する心が生まれてしまう。それでは真の後継者は育てられないし、実際に采配をふらせれば隙が生まれてしまう。

だからこそ私は、鶴岡さんの「選手を褒めない」という厳しい面を手本にした一方で、派閥を作った部分については、反面教師にしたのだ。

## 蔭山さんの突然の死、そして私の選手兼任監督就任へ

１９６５年、19年にわたって指揮してきた鶴岡さんが辞任し、後任にはヘッドコーチだった蔭山《かげやま》和夫さんに決まった。蔭山さんは現役時代に新人王に輝き、南海の名三塁手として鳴らした。一塁手の飯田徳治さん、二塁手の岡本伊三美《いさみ》さん、遊撃手の木塚忠《ちゅう》助《すけ》さんとともに、「百万ドルの内野陣」と呼ばれたほどだった。

そして蔭山さんが引退し、コーチとなってからはアメリカから野球関係の書物を取り寄せるなど、当時としては珍しい理論派の野球人だった。責任感が強く誠実。私が尊敬する先輩の一人で、監督就任の際にはお祝いの電話を入れた。

だが、蔭山さんは指揮を執ることなく、就任が発表された4日後に突然亡くなられた。すでに関係者のほとんどは故人となり、ご冥福を祈るばかりで詳細は書かないが、蔭山さんの監督就任を巡り、球団の内部では抗争の嵐が吹き荒れていたのだ。嫉妬や裏切り、鶴岡さんへの追従など、凄まじい人間関係に蔭山さんは神経をすり減らし、監督に就任

したときには精神的に追い詰められていたそうだ。

蔭山さんの突然の死と、球団の内紛はチーム内に暗い影を落とした。鶴岡さんが急きょ復帰することになり、その後3年間、指揮を執ることになる。チームは1位、4位、2位とそれなりの成績を残したが、杉浦を筆頭にチームの中心選手の成績は下降線をたどり、高齢化が進んでいた。

そして1969年には鶴岡さんに代わって飯田さんが監督に就任したのだが、鶴岡さんは自分の後任に杉浦を据えたかったらしい。杉浦は1959年の巨人との日本シリーズで4連投4連勝で日本一となった立役者である。

鶴岡さん自身、監督として23年間指揮を執っていた間に日本一になったのは1959年と1964年の2回だけだった。それだけに杉浦のチームに対する貢献度は相当高く評価していたのだろう。けれども、1966年、1967年と投手兼任コーチを務めた杉浦の評判は芳しくなく、急場しのぎで飯田さんに決まった。

飯田さんは現役時代、一塁手と外野手を務め、打点王2回、盗塁王1回、MVP1回と、チャンスに強く長打を打てる打撃が魅力の選手だった。けれども、低迷期に突入していた南海を立て直すことは容易ではなく、球団創設初の最下位に沈んだ。

飯田さんの采配はとくにこれといった策はなく、ベンチ内で「声を出せ！」と言って鼓舞するものの、チームを掌握することはできなかった。

これは今でも思うのだが、もし蔭山さんが監督を務めていたならば、私は選手兼任監督になることなどなかった。蔭山さんは生前、親しい新聞記者に、「将来、南海の監督を務めるのは野村しかいない。野村が現役を退くまではオレがつなぐつもりだ」と語っていたそうだ。そうなれば私も一選手として、現役をまっとうしていたに違いない。

そうした紆余曲折を経て、私は１９６９年のオフに選手兼任監督となった。球団の川《かわ》勝傳《かつでん》オーナーが、「この窮地を救えるのは野村しかいない」と言って、私のところに話が来た。当初は私も戸惑ったが、尊敬する川勝オーナーに頼まれたとあっては、最後には受諾するほかなかった。

だが、これとて鶴岡さんからしたら面白くないことだった。「テスト生上がりを名門ホークスの監督にするとは」という思いがどこかにあったのだろう。鶴岡さんはそれまでにも、「何が三冠王じゃ。ちゃんちゃらおかしいわい。本当にチームに貢献したのは杉浦だけじゃ」と私をけなし続けていたのだから、この言葉は本心から出ていたに違いない。

そして鶴岡さんの怒りが頂点に達したのは、私に選手兼任監督の要請がきた直後、阪急と巨人の日本シリーズの解説の仕事が入り、鶴岡さんと西宮球場でバタリと会ったときのことだ。

私が「ご存じだと思いますけど、今、監督の要請を球団から受けておりまして、今度ご自宅にご意見を伺いに行きたいのですが」と挨拶をすると、開口一番、こう返された。

「お前、監督というものがわかってんのか、コラッ！」

自分がこれまで可愛がってきた大沢啓二《けいじ》や杉浦、穴吹らではなく、派閥に属していない私が監督に選ばれたのだ。鶴岡さんの内心は相当はらわたが煮えくり返っていたに違いない。

だが、前の項でお話したとおり、私は鶴岡さんを反面教師にして、ドン・ブレイザーをヘッドコーチにして、それまで行なっていた根性、気合いの精神野球から、「シンキング・ベースボール」を実践し、チームに浸透させた。

その結果、私は南海の選手兼任監督を務めた8年間で、優勝1回、2位3回、Aクラス6回という成績を残すことができたのだ。

## 拾ってもらったロッテで恩返しがしたかったが……

南海を去ったとき、私はもう二度と野球界に戻れるとは思わなかった。私は選手兼任監督になっても、相手チームの攻略法やクセ、野球についての自分なりの考え方を毎日ノートにつけていたのだが、段ボールひと箱くらいあったノートを捕手ミット、バット、ユニフォームと一緒に燃やした。解任された私はお先真っ暗の状態だった。

だが、1カ月も経たないうちに、予期せぬことが起こった。ロッテが私の獲得に名乗りを上げたのだ。監督、そして選手としても失格の烙印《らくいん》を押された私は、もうユニフォームを着られるとは思っていなかっただけに、心底驚いた。

後で南海の川勝オーナーが、当時の重光《しげみつ》武雄オーナーに私のことで声をかけてくださったと聞いた。川勝オーナー、そしてロッテの重光オーナー、松井静郎球団社長へのご恩は生涯忘れない。

しばらくしてから金田正一監督から連絡があった。何の肩書もない、一選手としての採用であったが、まったく異存はなかった。私の野球人生は、もともとテスト生からのスタートである。私を評価してくれる球団の役に立ちたいと、素直に思った。

だが、入団交渉の場で金田さんと会うと、本当に欲しかったのは、南海時代のチームメイトだった江夏豊だとわかった。江夏は私が南海を離れることが決まると、自分も辞めると公言していた。肘や肩を痛めてはいたが、南海では抑えとして成功をおさめつつあった江夏に、金田さんは目をつけたのである。

私は金田さんの意向を江夏に伝えたが、彼はいい返事をしない。金田さんも江夏も一流の投手だ。一流ともなればわがままで自己顕示欲が強いものだ。お互いうまくやっていけるはずがないと、江夏は考えたのであろう。

そこで私は、広島の監督だった古葉竹識に声をかけ、江夏を推薦した。古葉は私の南海監督時代に、コーチをしていたので、勝手知ったる仲だった。古葉は南海にトレードを申し込み、江夏は広島に移籍することになった。

ロッテに移籍して最初の試練は1978年、1月中旬に始まった自主トレのときだった。当時のロッテは走れ、走れのトレーニングだった。走って下半身を作るというのが金田さんの持論であり、その考え方に沿ってトレーニングメニューが組まれていた。

当時43歳になった私の体には、これは堪えた。それに隣を走る新人選手は高校を出たばかりの18歳。聞けば彼のお父さんの年齢は、私とたいして変わらないというではないか。ここまでして頑張る目的は何なのか。苦しさと同時に虚しさもこみあげてきた。

自主トレが終わる頃になると、私は金田さんに監督室に呼び出された。

「コーチがやりにくいって言うから、選手には教えないでくれ」

私は拾ってくれたロッテの力になりたかった。若い選手たちにも、私の頭脳と経験を役立ててくれればいい。そう考えていた矢先にこの言葉である。

張りつめていた糸が、プツンと切れてしまった。

「チームに迷惑をかけるというのであれば教えません。ただ、選手が私のところに聞きにきたらどう答えればいいのですか？　何も知らないと言えばいいのでしょうか？」

すると金田さんは、「そこはうまくやってくれよ」と言うだけだった。それにしても、コーチもコーチだ。若い選手がプロの世界で実績や経験のある先輩にアドバイスを仰ぐことをどうして受け入れられないというのか。たとえ私と野球理論が違ったって、それをぶつけ合えばよいだけの話だ。私はどうにも腑に落ちなかった。

シーズンが始まると、私はベンチを温める日が多かった。捕手として二番手、三番手の扱いだった。それに外様の悲哀も味わった。野球界は何事も生え抜きが優先で、他のチームから来た選手はよそ者で、後回しにされる。

たとえば打撃練習では生え抜きの主力選手がたっぷりと時間をかけて打った後に移籍してきた選手が打つ。それが当たり前だった。過去の実績から言って、私にはそれなりに扱ってくれるだろうと思っていたのだが、考え方が甘かった。

そんな折、シーズンも佳境に入った8月に、私は重光オーナーと会った。チームを強くするにあたって、どうすればいいのか再建策を聞かれ、私なりの考えをお伝えした。もちろん、金田さんの采配についてはひと言も触れていない。

そしてシーズンが終わると、オーナーから監督就任の要請があった。たいへん光栄なことではあったが、引き受けるわけにはいかなかった。金田さんはシーズン中から自分が解任され、私が来季の監督になるのではないかと、疑心暗鬼になっていたからだ。

金田さんは球界の大先輩であり、私を快く迎えてくれた人である。金田さんに誤解されてまで監督になりたいとは思わなかった。それにここで監督になれば、また私が悪者になる。熟考したうえで、丁重に辞退した。

結局、その年限りで金田さんは監督を辞任し、私も自動的にクビを切られたのである。

## 引導を渡された根本監督のひと言

いよいよこれで私も引退か——そう思ったところへ、今度は西武から声がかかった。この年のオフ、クラウンライターライオンズから西武ライオンズへと変わり、本拠地もそれまでの福岡から埼玉県の所沢に移転した。

このときも川勝オーナーから西武の堤義明オーナーに推薦していただいた、と少し後に関係者を通じて聞いた。「まだ若いチームだから、あなたの経験や知恵を生かしてほしい」と入団交渉の席で言われた。私は素直にうれしかった。下位の打順で打つのが無理ならば、代打でもいい。そう思い、与えられたポジションで必死に頑張る気でいた。

西武でもやはり控えだった。1年目の1979年は74試合に出場、2年目には52試合に減り、69打数15安打、4本塁打の成績で終わった。

私は「まだやれる」という自信があったが、監督の根本陸夫さんの目には、力の落ちたベテラン選手としか映らなかったのかもしれない。それでも毎試合のように、「ここで使ってくれ」と願っていた。ここで起用してくれたら、必ず結果を出せるという自信があったが、いっこうに声のかかる気配がない。

こんなじれったい気持ちは、南海時代に経験したことがなかった。プロ野球選手としてもっとも辛かった時期だが、控え選手の感情の揺れや、屈折した気持ちを肌で味わった経験は、後年、監督をするときに大いに役立った。

そんな私が引退を決意したのは、1980年9月28日の阪急との試合である。8回裏、一死二、三塁。得点は4対3で阪急のリード。ここで阪急は、私の前の打者、立花義家を敬遠し満塁策をとって私との勝負に出た。阪急の投手は19歳の若武者、関口朋幸《ともゆき》に交替していた。

外野フライで同点の場面である。タイムリーヒットは無理でも、外野へ犠牲フライを打って最低限の仕事をする自信はある。「バッター、野村」のアナウンスがあり、打席に入ろうとすると、根本監督から声がかかった。

「おーい野村、代わろう」

代打に若手の鈴木葉留彦《はるひこ》が告げられた。私は愕然とした。私の実力の評価はこんなに低いものか。過去の実績は何なのか。私の経験を買ってくれたのではないか。プライドがズタズタにされた気分だった。

ベンチに戻ると、私は心のなかで、「打つなよ、絶対に打つなよ」と祈ると、願いが通じたのか、二塁ゴロで併殺打となった。「ざまあみろ」、私は内心ひそかにほくそ笑み、試合もそのまま惜敗《せきはい》した。

だが、試合が終わり、帰宅する途中の車中で私は引退を決意した。代打を出されたことが理由ではない。代打を出された後、仲間が失敗することを願った自分が情けなかったからだ。「チームが負けることを望むようになったらおしまいだ」、私はそう思った。

シーズン終了後、球団事務所に行って根本監督と代表に挨拶をした。

「今シーズン限りで引退させていただきます」

すると間髪《かんはつ》を容《い》れず、「長い間、ご苦労さん」という言葉が返ってきた。慰留されることもなければ、引退の理由を尋ねられることもなかった。球団は私から「引退します」と言い出すのを待っていたのである。

1980年11月15日、西武球団事務所で私の引退発表を行い、27年間の選手生活にピリオドが打たれた。

1978年から1年間は金田さん、そして残りの2年間は根本さんの下でプレーしたが、力の落ちたベテラン選手の心理や扱い方については、このとき大いに学ばせてもらった。私がヤクルト、阪神、楽天で監督を務めた際には、どうすればこのベテラン選手を奮起させられるのか、あるいはもうひと花咲かすことができるのか。私はこの3年間で体験した数々の無念と屈辱で勉強したといっても過言ではない。

プロの世界に入ってから引退するまで、私はお金では決して買うことのできない経験ができ、それが、今でも私の血となり肉となっている。

鶴岡さん、飯田さん、金田さん、根本さん。一番印象に残った監督はやはり鶴岡さんだ。その一方で、どの監督ともよくも悪くもさまざまな思い出があり、また後年、私がヤクルト、阪神、楽天で16年間、プロ野球の監督を務めた際に大いに学ばせてもらった。そのことは今でも断言できる。

# 第 4 章

# 監督に求められる資質

## 指導者たる者、言葉の引き出しを持っていなければならない

監督に求められる資質というのは、多岐にわたっており、ひと言では説明しづらいのだが、言葉の持つ力の大きさを侮ってはいけない。

南海での選手兼任監督時代と、ヤクルト以後の監督時代、同じ監督という立場であっても、指導者としての力量はまったく違っていた。こう言いきれる最大の理由は、言葉の引き出しが増えたことが挙げられる。

南海時代は、監督だけでなく、「4番・捕手」として試合に出続けなければならず、責任が重かった。それに勝つためにはどうすればいいか、ドン・ブレイザーをヘッドコーチに招いては、メジャーの野球のイロハを学び、当時としては珍しい「考える野球」を実践していた。

だが、選手たちを納得させるだけの言葉があったかと聞かれれば、今思い返すとそうは思えない。なぜなら、現役時代は野球に関する本は読んでいたものの、野球以外の知

識はまったくといっていいほど疎かったからだ。

「このまま何も知らないようではまずい」と危機感を抱いたのは、引退後、解説者になってからだった。解説者という仕事は、野球の試合とは違って、「勝った」「負けた」と、はっきり結果の出る仕事ではない。だからと言って、「誰も見てないな」と思って気を緩めると、仕事のレベルが落ちてしまう。

コラムニストで評論家の青木雨彦さんから、

「評論とは、『よかったと言う人が5人、悪かったと言う人が5人』いればいいのですよ。よかったと言う人が5人いてくれたら、これで勝ちなんです」

とアドバイスをいただいた。また師と仰ぐ草柳大蔵《だいぞう》さんからは、

「一生懸命やっていれば、必ず誰かが見ていて評価してくれるものですよ」

とも教えていただいた。

だからこそ、私は誰にも負けない解説や評論をしてやろうと思った。色鉛筆を5色くらい使って、1球ごとに細かくスコアブックを書き、それまで誰もやってこなかった分析をした。

当時、こんなこともあった。オープン戦、しかも凡庸《ぼんよう》な試合だったので、「今日は書

くことがないので勘弁してくださいよ」とベテラン記者に言うと、

「ほかの評論家の方々も困っていますよ。こういうときこそ、野村さんの腕の見せどころじゃないですか。誰でも内容のある試合なら困りません」

なるほど、一理ある。そこで必死に頭を捻《ひね》らせながら、試合を分析して原稿を書いた。

また、この時期に歴史書をはじめとして、政治、経済、国際情勢、科学、文学まで、ありとあらゆる本を読破した。とくに中国の古典の言葉には、「野球にも結びつくことが多い」と感心していた。

そこで、気に入った文章や言葉に響く文言を見つけたら、赤線を引いてノートに書き写す。こうしたことをベースに「野村の考え」を確立していった。

現役を引退して9年後の1989年の秋、突然、ヤクルトの相馬和夫球団社長が、私の家を訪ねて来られた。

「わがチームの監督をやっていただきたいと思うのですが、もう一度ユニフォームを着る気はありますか?」

私は驚いた。縁もゆかりもないヤクルトから監督の要請があるとは、考えもしなかったからだ。

「どうして私なんですか？」

理由を尋ねると、相馬社長は続けてこう言った。

「野村さんの解説や論評には、私も普段から見聞きして感心していました。ウチの選手たちに野球の真髄を教えてやってもらえないでしょうか？」

南海時代、私は監督を引き受けるべきではなかったと悔いを残していた。監督、4番、捕手と、一人三役はできない。いつか監督一本で勝負してみたい、そう考えていたときの相馬社長の誘いである。

自分が積み重ねてきた野球に関する知識、野球に対する情熱をきちんと受け止めてくれる人がいたことに感激した。

「世の中には、ものが見えない人が千人いれば、見える人も千人いる」

後に草柳先生から教えられた言葉が、今でも脳裏によみがえる。見ている人はちゃんと見てくれているのだ。どんな仕事にせよ、信念を持って続けていれば、必ず陽が当たるときがやってくる。

それに夢を実現するには今しかないし、せっかくのチャンスを断る理由もない。監督をやりながら野球の勉強をやり直そうという気持ちにもなり、監督就任を承知したのだった。

現役時代に名選手であった人ほど、いざ指導者になると言葉を軽視しがちだ。自分の感覚で理解し、できてしまったからだろうが、これだけでは選手には伝わりにくい。たとえば、選手への打撃指導を「ガッと」「グワーンと」などと擬音語で行なっていた長嶋茂雄などが最たる例だが、巨人の監督を退任した原も、彼に近い指導をしていたとも聞く。

現役時代に技術取得に苦労した人、あるいは反復練習の大切さを知っている人であれば、言葉の持つ重みを知っているものだ。ソフトバンク、巨人、オリックスなどで指導者を務めた森脇浩司は、守備、走塁とどれをとっても選手を説得できるだけの言葉を持っていた。そうした人物こそが、評判を聞きつけた球団から声がかかるものである。

だからこそ私は強く思う。説得力を持った言葉や深みのある言葉など、さまざまな言葉を身につけておくことは、指導者に欠かせない能力の一つなのだ。

## 組織の力量は、リーダーの力量以上にはならない

野球においてチーム力を向上させる一番のポイントは、監督の力量のレベルアップを図ることである。こう言うと、「チーム力をアップするには、ウィークポイントを改善して、選手を補強することなんじゃないですか？」と疑問に思う方もいるかもしれないが、実はそれは正解ではない。

監督が己に対して厳しく、常に知識や情報の収集に努め、成長しようという姿勢を見せていれば、選手たちもおのずと同じような姿勢になってくる。これはどんなに時代が移り変わろうと、絶対に廃れることのない、私の哲学と言い換えてもいい。

このことを痛感したのは、私がヤクルトの監督時代だった。1992年に15年ぶりのリーグ優勝を果たし、日本シリーズでも西武をあと一歩のところまで追い詰めたものの、最後は万策尽きてしまった。

そして翌シーズンは、私を含めたコーチや選手全員が、「今年は何としても日本一に

なるぞ」と決意を新たに戦い抜き、２年連続のリーグ優勝、そして日本シリーズでは４勝３敗で前年に死闘を演じた西武を下し、見事に日本一に輝いた。ヤクルトの監督に就任してから４年、セ・リーグでもっとも弱いと言われていたチームが、よくここまで成長できたなと、感無量になったのを今でも覚えている。

だが、翌シーズンは前年に日本一になったので、私も内心ホッとしていたところがあった。さらに言えば、「自分たちは日本一になったのだから、他のどのチームよりも強いんだ」と錯覚してしまった。そうした心の緩みが、コーチや選手たちにも伝染してしまったのだが、一度緩んでしまった空気はシーズン終了まで続くこととなり、１９９４年のシーズンは４位に終わった。

そこで翌１９９５年のシーズンは、「がむしゃら野球」をキャッチフレーズに掲げた。がむしゃらという言葉には、精神論の意味合いも含まれている。本来、私が口にするような言葉でもない。

だが、当たり前のことを当たり前のようにできていない選手たちの気力の面を、問題にしなければならないほど、チーム内には緊張感が欠けていた。だからこそ、私はこの年の年頭のスタッフミーティングで、

「オレの嫌いな精神野球を導入するぞ」
と発破をかけた。当時のヤクルトの選手たちは、古田敦也や池山隆寛を筆頭に、負けず嫌いだったので、春季キャンプであえて鍛錬を目的とした練習を中心に組んでも、音を上げる者は誰一人としていなかった。

野球は戦いである以上、データや想像力だけでは勝ち抜けない。自らを奮い立たせる言葉と、その言葉によって汲み出される強い意志が必要なのだ。

かくして1995年のシーズンが始まり、広澤克実やジャック・ハウエルを獲得した優勝候補の大本命である巨人を退けて、開幕から首位を独走して再びリーグ優勝を果たし、日本シリーズでもオリックスを4勝1敗で下した。練習に根性論を取り入れてまで、がむしゃらに戦った結果、再びつかんだ栄光だった。

だが、1996年は再び4位、1997年は日本一、1998年は4位と、私がヤクルトの監督時代はどうしても連覇ができなかった。私は常々、ミーティングで、
「敵に勝つよりももっと大事なことがあるのを忘れてはならない。それは常に自分をレベルアップさせることだ」
と言い続けておきながら、勝ち続けることができなかった。この点は今でも悔やまれ

るが、だからこそ分析力や観察力、決断力、判断力といった感性が向上するよう常日頃から勉強し続けたのだ。

近年の野球は、対戦するチームの選手データが、チームのスコアラーやデータ会社などから上がってくるのだが、そのデータを鵜呑みにするだけで、イニングや得点差、アウトカウント、ボールカウント、走者の有無などから客観的に分析し、自ら的確な判断を下せる監督が少なくなったような気がしてならない。あらゆる感性を磨き続けている監督は12球団にどれだけいるのだろうと考えたとき、皆無ではないだろうか。

そう考えると、リーダーの力量を向上させることは大事だが、リーダーの力量とは監督の力量だけではない。常時試合に出場し続けているレギュラーの選手にもあてはまることで、年齢や実績、人格面でもチームを引っ張っていくようなチームの中心選手の力量が伸びていかない限り、組織が伸びていくのは難しいのである。

## 指導者たる者、選手に答えまで言ってはいけない

指導者はその立場を利用して、自分の理論を部下に披瀝《ひれき》して「こうしたほうがいい」などとアドバイスをしたがるものだが、これは慎まなくてはならない。なぜなら、選手たちの「自ら考える力」を奪ってしまうからだ。

自分で考えさせるクセを身につけさせることで、自分で考えて行動できるようになってくる。考えて行動できない人間は、「答えを教えてくれるからいいや」と安易な考え方になって、伸びしろだって少なくなってしまう。

私が南海の現役の頃は、監督はいたが、コーチはほとんどいなかった。選手を育成する二軍でさえ、二軍監督しかいなかったものだ。打撃について質問しようものなら、

「目をかっ開いてボールをよく見ろ！　インコースに来たら身体ごとぶつかれ」

この程度の答えで、技術指導など何もなかった。一軍の鶴岡監督も同様で、

「いいか、ボールをよく見て、スコーンと当てるんじゃ」

たったこれだけだった。私はカーブを打つのが大の苦手だったので、なんとか克服しようと必死だったが、チーム内で指導者と呼ばれる立場の人が、この程度の教え方では、後は自分で何とかするしかない。

当時は今のようにビデオカメラで録画して、DVDレコーダーなどで再生する電化製品などない。そこで、一流と呼ばれる打者の打撃練習を、まばたきせずにじっと見つめて勉強するほかなかった。また、そうした機会があるとしたら、毎年夏に開催されるオールスターゲームのときだけだった。

私がパ・リーグの捕手として出場したとき、試合前の練習で大毎の山内一弘さんや、西鉄の中西太さんらの打撃を食い入るように見つめては、2人を質問攻めにした。だが、敵にやすやすと自分の技術を教えたくないという気持ちもあったのだろう。「そのうち打てるようになるさ」などと言うだけで、答えらしい答えを得ることはできなかった。

そこで山内さんの打撃フォームを目に焼きつけ、あれこれ試行錯誤しながらなんとかカーブ打ちをマスターしたのである。

この経験は私にとって大きかった。たしかにカーブ打ちを会得するまでに、ある程度の時間がかかったが、自分で考えて、困難な状況を打破することができたのだから、たとえ打撃がスランプになっても、どこをどう修正すればよいか、そのポイントがつかめるようになったのだ。

だが、今のプロ野球界を見ていると、コーチが選手に手取り足取り教えているケースが目立つ。「自分は指導者という立場なのだから、教えて当たり前」などと思ってはダメだ。相手の話をよく聞き、「なぜそうしたのか」「それはなぜか」「これからどうするのか」、そうした質問を選手に投げかけ、どんな答えが返ってくるのか、その反応を見ることが大事だ。ときには選手から思いもよらない答えが返ってきて、指導者が新しい視点や事柄を知ることだってあるだろうが、指導者が答えまで言ってはいけない。

さらに言えば、選手が指導者の質問から答えを発することで、その発言自体に選手が責任を持つようになる。有言実行という言葉があるように、人は自分で言ったことに対して責任を感じるようになるものだ。

この場合の責任とはすなわち使命感となり、チームや組織を強くしていく際の、欠かせぬ条件となってくる。だからこそ、答えは指導者ではなく、選手本人の口から言わせるべきなのである。

## 人間的に「いい人」や「部下にビジョンを示せない人」は、よい指導者にはなれない

最近、若い人を教育するのに効果的な方法は褒めることだとよく言われる。ビジネスの分野で活躍している経営者は、部下を指導する際、「きつく叱ることは止めなさい」と指導しているそうだ。まずは長所を褒め、のびのびとした環境で仕事をやらせること。そのためには、いつも穏やかで優しそうな「いい人」が上司になると、部下はやる気を出すというのだ。

だが、こうした意見に、私は異を唱えたい。このような人物は、組織のトップには向かないと断言する。なぜならそれは、自分は「こうしたい」という理念や哲学を持っていないことの裏返しだからだ。

周囲の人から「いい人」と言われるような人は、その場の空気を読んで、臨機応変に自分の考え方を変えてしまう。その理由はただ一つ、「意見の衝突が避けられる」からだ。しかも上司の側は、「それが当然」と思っているのだから、タチが悪い。

しかし、組織を率いている以上は、「オレはこういうやり方でやっていく」という他人には絶対に譲れない、ゆるぎない信念があるものだ。明確に自分の指針を提示して、組織をその方向に持っていこうとすれば、必ず誰かと衝突する。

とくに野球の世界ではそれが顕著になって表れる。選手に厳しいことを言わず、褒めて、おだてて自由奔放にプレーさせた結果、優勝するケースはなくはないが、そうしたチームが連覇することは、まずあり得ない。

そのうえ、褒められ、おだてられてきた選手は、何があっても自分が悪いとは考えず、責任を周囲に転嫁する。その矛先が、ときには監督やコーチに向かうことだってある。しかもチームの中心選手が不平不満を口にしようものなら、それは他の選手にも伝わっていき、監督の言うことに従わなくなってしまう。

最近の例で言えば阪神が真っ先に挙げられる。私が阪神の監督を退任した後、星野仙一、岡田彰布《あきのぶ》、真弓明信、和田豊ら4人が監督に就任したが、選手に厳しく接したのは星野だけだ。星野は明治大学の出身で、島岡吉郎《きちろう》さんから人間教育を施されたと聞いているが、星野自身、チームにどれだけ人間教育に時間を割いたかは深く知る由がない。

だが、選手の意識改革に成功したのだけは確かだ。そのうえ、２００２年のオフには広島からFAで金本知憲《ともあき》を獲得し、チームの軸を新たに形成した。この点は評価に値する。

しかし、星野以後の3人にいたっては、「オレはこういう野球をやる」と選手に対して明確なビジョンを示していない。

岡田の監督在任中、ある選手が私に会いたいと、共通の知人を介して話してきた。私も一度じっくり野球の話がしてみたいと思っていた選手だったので、食事に誘ったところ、彼がこう言ってきた。

「岡田さんミーティングもやらず、全部選手任せなんです。チーム全体にサインがないんですよ」

私は驚いた。彼によると、バントが必要なときは、口頭で「送っておいてくれ」と告げるだけだと言うではないか。

岡田が、「こういう野球をする」と確固たるビジョンを選手に示し、それが選手に浸透しているのであれば、それはそれでいい。たとえ私と意見が異なったところで、岡田の考え方を私がとやかく言う必要はない。

だが、岡田の野球は自主性を重んじているのではない。結果的に選手が自分の判断で動かざるを得なくなっているのだ。野球は1球ごとに状況が変わるため、作戦だって変化する。それを適切に判断し、指示を出して選手を正しい方向に向かわせるのが、監督の仕事である。

だが、岡田がサインを出さないというのであれば、それは監督の仕事を放棄していることになる。2005年の日本シリーズでロッテに4連敗したことや、2008年は夏場までぶっちぎりの首位にいながら、最後は巨人にかわされて優勝を逃したことなどは、岡田のこうした采配が原因の一つと考えられる。

結局、誰からもいい人と言われているような人物は、「これだけは譲れない」という信念に欠けているものだし、常に発言を聞いた人の気分を損なわないようにしがちなのだ。それに加えて自分の哲学を部下に示せないような人間であれば、リーダーとしてふさわしいはずがないし、ちょっとしたことで、瞬く間に組織が崩壊してしまう危険性が高いことも、肝に銘じておくべきである。

## 指導者に必要なのは、人の性格を見抜き、辛抱すること

指導者は人を見つけ、育て、生かしていかなければならない。選手一人ひとりを見ていると、温厚で物静かなタイプもいれば、プライドが高いタイプ、気性が激しく勝ち気なタイプなどさまざまである。生まれ育ってきた環境が違えば、性格も違ってくるのは当然のことだ。

まず、おとなしい、自分の個性をあまり出したがらない選手に対しては、コミュニケーションをとってできるだけ多くの話をしてあげるなかで、自信をつけさせるとよい。少しずつではあるが、意識に変化が起きてくる。

次にプライドが高い選手は、おとなしい選手以上に気を使う面がある。鼻っ柱は強いが、折れるともろいタイプが多い。ダメなものはダメ、と面と向かって言ってしまうと、シュンとしおれてしまうから、強く言いすぎても逆効果なのである。

最後に気性が激しい「オレが何とかする」と闘志が前面に出てくる選手は、見ていて

心強い。自分に自信があるからこそ気持ちが強く出てくるのだから、遠くで見守ってあげるのが一番よい。

今の若い選手たちを指導するには、私の現役時代のように頭ごなしに叱るのはもちろんのこと、鉄拳制裁などはもってのほかだろう。事実、私はその点に注意して指導していた。

とくにヤクルト時代と楽天時代とでは、まったくと言っていいほど選手との接し方を変えていた。ヤクルト時代は私自身の年齢が50代だったこともあって、選手との関係は親と子の関係に近かったことが影響していたのかもしれない。叱ることによって、「何だと、負けてたまるか！」と選手からの反骨心をプラスに変えていくことができた。

だが、楽天時代は親子以上に選手たちとは年齢差がついてしまっていた。そのギャップを埋めるためにも、ヤクルト時代と同じような接し方を選手にしても、よい方向にはいかないだろうと判断していたところもある。そのうえ、きつく叱っては「オレはダメなんだな」と打たれ弱い現代っ子たちにマイナスの作用しか与えない危険性がある。そんな判断もあって、時代とともに選手との接し方を変えていた。

ただし、何度言っても同じようなミスを繰り返してしまうような選手に対しては厳しく叱った。首脳陣と話し合ってこうやっていこうと決めたことを、実践してみようという意識が見えないのは、やるべきことをやっていないミスである。これを叱らずに見逃していたら、「こんなものでいいのかな」と選手に甘えと妥協が生まれてしまう。

その一方で、私のように不器用で思うような結果を残せない選手もいる。自分自身のウィークポイントは本人も理解していて、それを解消するために普段から必死に練習に取り組んでいるものの、なかなか技術をマスターすることができないままでいる。

こうした選手には厳しい言葉をかけてもマイナスに働いてしまうので、「どうしてできないんだ！」などと叱ってはいけない。「彼が技術を身につけるには、もう少し時間が必要だ」と判断して温かく見守り、辛抱することも指導者として必要な心構えなのである。

## 試合で奇襲ばかり考えている監督はヘボである

監督の試合での仕事は、状況に応じた選手起用や、ヒットエンドランやバスターなどの作戦を決めること。この当たり前のことがうまくできないのが、野球の奥深さである。たとえば味方が1点リードして終盤を迎え、ノーアウトでランナーが一塁に出たとする。このときオーソドックスに送りバントのサインを出して二塁に進塁させるか、ヒットエンドランやバスターといった作戦を立てるのか。あるいは単独スチールのサインを送るのか。

私はこのような場面に遭遇したとき、アウトカウント、ボールカウント、相手投手はクイックモーションがうまいのか、捕手は強肩か、球場の風向きはどの方向か、というところまで頭に入れて、どのサインを出すのが適切なのかを判断していた。成功率をより高くするには、このくらいのことは当然である。

そうしたことを考えずに、以前使った作戦がたまたま成功したからという、行き当たりばったりの采配や、誰も使ったことのないトリッキーな作戦を試してみたいからという安易な理由から試合で実行してみると、十中八九、作戦は失敗するものだ。「動きすぎる監督はヘボ」は真理を突いた言葉だと言ってもよい。

監督が奇襲を試みて、偶然成功したことが快感になってしまうと、次、また次と奇襲のような采配をふる監督も実際にいる。だが、この手の監督は自己満足の采配に終始していることが多く、作戦の成功度で言えばかなり低い。

そこで私がとった作戦は、「奇襲をやるぞ」と見せかけて、実際には何もしない、という作戦だった。春季キャンプの中盤から終盤になると、各チームのスコアラーが球場へ視察に訪れて、戦力チェックを行なう。とくに新人選手や新外国人選手など、昨年まで所属していなかった選手が新戦力としてどれだけ活躍しそうか、あるいはウィークポイントはないのか、そうした点をつぶさにチェックして、自軍の首脳陣に報告する役割を担っているためだ。

そこで私は、今まで一度もやったことがない特殊なサインプレーをやってみることがあった。それを見た他チームのスコアラーは当然チェックし、自分のチームに帰ったときに「今年の野村監督はこんなプレーをします」と首脳陣に報告することを狙う意味もあった。

そしてオープン戦で1試合でもそのプレーをわざとやると、「シーズン中もこんな手を使ってくるかもしれない」と他のチームはこぞって警戒するようになる。

ただし、自軍の選手たちは「こんなプレー、シーズン中は絶対にやらないだろう」と疑問に思うものだ。そこで、「このプレーは他チームの警戒心をあおるだけのものだから、そのつもりでいてくれ」と説明すると、選手たちも「そういうことか」と納得してくれる。

キャンプ中から〝野村は何かやってくるぞ〟と見せかけて、シーズンに入ったら何もやらないというのが一番いい作戦だ。なぜなら、相手が警戒心を持ってくれるだけで十分効果があるからだ。

さらに、シーズン序盤の4月に、一度だけ奇襲を仕掛けるという手もよく使った。やられた側は、以降シーズン終了まで疑心暗鬼に陥ってくれる。つまり大切なのは、「動くと見せかけて、相手を混乱させること」なのである。

## 監督のボヤキは期待の裏返し

最近のプロ野球の監督やコーチの選手への接し方を見聞きしていると、愛情が希薄のように映って仕方がない。もっと言えば、優しく接するのが愛情だと、勘違いしているようにも見える。

「この選手を一人前にしたい」という思いは、どこのチームの監督やコーチにもあるはずだ。そのためには嫌われることも厭《いと》わないという姿勢こそが、本当の愛情であると、私は考えている。そうすれば厳しい練習を課すことだってできるし、じっくりと観察するようにだってなる。おのずとどのタイミングでどんな言葉をかけたらいいか、あるいはかけてはいけないのかだってわかるようになるものだ。

第3章でもお話ししたが、南海の現役時代、鶴岡監督から言われた忘れられない言葉が、「お前、本当にようなったな」だった。私はそれまで鶴岡監督から褒められたことなどなかった。テスト生として入団し、来る日も来る日も、ブルペンで投手のボールを受けっていた、いわば「カベ」という役割を果たす一捕手でしかなかった。そこから這い上がって正捕手になったという自負はあったものの、本当の自信というのは今一つ持てずにいた。

そんな矢先の鶴岡監督の言葉である。それまで一度も褒められたことがなかっただけに、本当にうれしかった。あのときの言葉があったからこそ、私はもっと頑張ろうと思えたのだ。

もし、鶴岡監督が「ようなったな」と言ってくれなかったら、その後の野球人生はまったく違ったものになっていたかもしれない。

このときと同じ状況は、私が楽天の監督時代に起こった。当時のエースだった岩隈《いわくま》久志が、『チームのために投げる』という意識が希薄であるように思えた。仮にもチームのエースであれば、「何がなんでも完投してやる」という気概がほしい。

だが、岩隈は違った。勝ち投手の権利を手にするや、自ら降板を申し出て、中継ぎ投手に試合を託すことが多かった。

「エースがこれでは、チームに悪影響を与える」

そう考えた私は、ことあるごとに岩隈にボヤキ続けた。「岩隈さんは百球肩だな」「ガラスのエースだ」「すぐにマウンドを降りたがる」。傍から見たら、厳しすぎると見えたかもしれない。

ただ、叱られてばかりだと、さすがに耐えきれなくなることだってある。私が叱られ続けた鶴岡監督から、「ようなったなあ」と言われたことで奮起したように、ムチを使ってばかりではなくアメも与えなければならない。

楽天の監督になって2年目のオフ、岩隈は前年の1勝に引き続き、5勝に終わった。肩の故障が癒えていなかったことが原因だったが、私にことあるごとに非難されていたことで、彼が精神的に辛い時期にあることも、私は感じていた。

そこで私は、岩隈を呼んでこう励ました。

「来シーズンのカギを握っているのは、お前だぞ」

岩隈はこの言葉を本心からうれしかったと、後に話してくれた。それまで私の言動には腹を立てていたようだが、このときの言葉を機に、私のボヤキは期待の裏返しだととらえるようになったそうだ。

事実、2008年のシーズンは開幕当初から好調で、21勝4敗、防御率1・87という素晴らしい成績をおさめ、最多勝、最優秀防御率、最高勝率、沢村賞、MVPのタイトルを獲得した。翌シーズンもWBCの日本代表として好投し、シーズンも1年を通してローテーションを守り、CSの日本ハム戦でも完投勝利してから中1日でリリーフ志願をして、マウンドに上がったのだ。

選手の才能を開花させるのは、指導者の務めであるのは間違いないが、普段は厳しく接し、タイミングをみて褒めることで、選手はその言葉の重みを感じ取り、発奮するものだ。そのことを鶴岡さんから教えられ、そして岩隈に実践したのである。

余談だが、昨年末のある日、岩隈がとある場所で私のところに挨拶に来てくれた。彼もたまたまその場所にいて、人づてに私がいると聞いて、わざわざ来てくれたらしい。これもまたうれしかった。

## 褒めるときはタイミングを見計うこと

人は叱ってこそ育つ。これは今でも変わらぬ私の信念と言ってもいい。今は学校や会社で「褒めて伸ばす」という風潮が主流となっているようだが、それでは心の強い人材は育たない。自分のことしか考えず、周囲に配慮ができない、自分の力を過信する、勘違いした若者が最近とみに多いのは、このことと関係しているのかもしれない。

それにいつも褒められてばかりだと、それが当たり前だと思って喜びを感じなくなるし、反対にちょっと叱られたくらいで落ち込んでしまうものだ。

ただ、私とて褒めることを全面的に否定しているわけではない。叱る指導を基本としているからこそ、褒めることの大切さは他の誰よりも認識しているつもりだ。かの連合艦隊司令長官の山本五十六《いそろく》が、「褒めてやらねば人は動かじ」と言ったように、叱るだけでなく、褒めてやらなければ人は動かないし、成長しないのである。

ところが、私は人を褒めるのは基本的に下手くそだ。選手が試合中、どんなにいいプレーをしても、「プロだから、それくらいはできて当たり前」と思ってしまう。私は性格的に照れ屋な一面があるし、鶴岡さんから叱られ続け、褒められたことが数少なかったことも、内心影響していたのかもしれない。

だが、そんな私であっても、褒め方、とりわけ褒めるタイミングには気を使っていた。タイミングを間違うと、褒めてもちっとも喜ばれないばかりか、たんなるお世辞に聞こえてしまったりもする。私が普段から選手を叱り、めったに褒めなかったのは、勘違いや慢心を戒《いまし》めるとともに、褒めることをより効果的にすることも念頭に置いていたからだ。

あまり褒めることのない私だが、今でもはっきり覚えているのが、1997年の開幕前の古田とのエピソードである。

前年のチーム成績は4位に終わったものの、当時のヤクルトは彼を中心に回り出していた。広澤が1995年にFAで巨人に移籍し、同級生の池山も前年はアキレス腱痛に悩まされ、試合出場も53試合にとどまった。宮本慎也、稲葉篤紀《あつのり》といった若手が台頭しだしたものの、いかんせんまだまだキャリアが浅い。

そこで私は古田をチームの中心に据えようと考えた。だが、古田にはその自覚がないのか、「オレがチームをまとめよう」という気概に欠けているように私には映った。中心と考えていた古田がこれでは、チームの結束力は生まれない。

そこで私は古田を呼んで、こう激励した。

「いいか、ウチはお前が中心なんだぞ。今年は自分がチームを引っ張っていくんだという気持ちを持ってくれ」

それまで私は古田を叱ってばかりいた。だが、このとき「それはお前がチームの中心だとオレが認めていたからこそ、厳しく言ったのだ。大いに期待しているぞ」というひと言もつけ加えた。

私がこう言った直後、古田の姿勢は百八十度変わった。とくにミーティングに臨む姿勢には目を見張るものがあった。それまでの古田は、ミーティングになるとメモ用紙1枚用意して、腕組みをしながらじっと話を聞いているだけだった。

ところが、この年の古田は膨大な量のノートを持ち込み、メモをとるべきポイントの話をきちんと筆記するようになった。前年までの古田とは、とても同一人物には思えなかった。

この年、ヤクルトは多くの野球評論家の下馬評を覆し、リーグ優勝と日本一を勝ち取ったのだが、まさに古田を中心にチームが機能したからにほかならない。

そしてその裏には、褒めた効果もあったと見ていい。私が鶴岡監督からはハワイキャンプの後、報道陣を前に語ったときと、大阪球場のベンチ裏で「お前、本当にようなったな」と言ってくれた言葉とたった2回しか褒められなかったにもかかわらず、そのことが印象強く残っているのは、心からうれしく感じていたし、「もっと頑張ろう」と励みになったからだ。このときの古田の心境も、当時の私と同じものだったのだろうと推測できる。

つまり、本人が何か言ってほしいというときにすかさず褒めるからこそ、褒める行為が大きな力をもたらすのだが、必要ないときに褒めても、大して意味がないばかりか、マイナスに働くことだって十分にある。

今の世の中の上司は、ただ褒めておけばいいと勘違いしているのは、この点を知らないからだ。その意味でも、指導者は日頃から部下を観察しておくことが必要である。そうしなければ褒めるタイミングを見誤ってしまうことだけは間違いない。

## 監督が選手を殴って得られるものは何もない

スポーツ新聞を見ていると、毎年のように高校野球の現場で暴力事件沙汰の記事を目にする。先輩が後輩を殴ることもあれば、指導者が選手を殴る場合もある。最悪の場合、大会への出場停止というもっとも重い処分となる場合があるが、いつまでこんなことを続けているんだろうと呆れてしまう。

気合いだ、根性だと言って監督が選手を殴打して残るのは、恐怖心と殴られた痛みだけだ。「それで本当に勝負に勝てるのか」と私は言いたいが、プロの世界でそんなことをしていたら一時的に勝つことはできるかもしれないが、絶対に勝ち続けることはできない。

プロの世界は答えが早い。うまい選手は試合で使えばいいし、下手な選手は試合はおろか一軍にさえ上げなければいい。下手なままであれば、後は淘汰されていくだけだ。第1章と第3章でもお話したが、人間は「無視」「賞賛」「非難」の段階で試される。

これは私が常日頃から口酸っぱく言い続けていることだが、箸にも棒にもかからない状態では徹底的に無視する。少し希望が見えてきたら賞賛、そして一人前と認められるようになったら非難する。そのとおりにされて人は成長していくのだ。

そもそも「叱る」というのは、何が悪いのか、何が足りないのかを気づかせるためであり、それがきっかけでその人の成長を促すことに目的がある。だから自分の立場を優位にするために殴るなんてことは絶対にあってはならない。ましてや自分のストレス解消のために殴るなんて言語道断だ。

ヤクルト時代、私はたしかに古田を叱った。野球の勝敗が決まるうえで、捕手の担う役割は大きい。相手チームを中途半端に分析しただけでは、後になって手痛いしっぺ返しを食らってしまう。そこで古田を教育していたのだが、彼には「試合の前には準備のための試合」、次に「実際の試合」、最後に「試合後の反省会のための試合」と、1日3試合行なわなければならないことを課題にしていた。

その際に古田が、「これまでのデータに基づいた結果です」とか、「投手の調子のよさを考えてこのボールを選択しました」とか、「打者の狙い球はこれかなと思って配球を変えました」と即座に返答しても、「そうか。だけどこんな状況になることだって考えられないか？　その場合はどう対処するんだ？」と私は応酬した。

だが、これとて古田を思っての言葉だった。古田を叱る根底には、彼の成長や将来をおもんぱかる心持ちがあった。その思いがあったからこそ、叱られる側も本気になってその言葉を受け止め、素直に反省する。事実、古田は周囲の選手に「監督が長年の経験と勉強で身につけた財産を切り売りしてくれている。だから感謝しているんだ」と言っていたそうだ。現状の自分の力を認識し、短所と向き合うことで技術が向上し、野球の上達の道が開けてくる。そのことを古田はきちんと理解していたのだろう。

だからこそ叱る側は「こういうことはダメである」という一定の基準に従って叱る、叱らないの判断をするべきだ。何の基準も持たないまま、気分や感情のおもむくままに選手を殴っているような指導者では、殴られたほうはどう対処してよいかわからなくなってしまう。

しかも、それでは本人の反省には結びつかず、殴られないようにするためにあれこれ悪知恵がついてしまうだけだ。叱ることは必要だが、殴ることで得られるものは何もない。指導者はそのあたりを心得ておくべきである。

## V9を成し遂げた川上さんと、日本一になれなかった西本さんとの差

「人生80年」という言葉は、もはや使い古されたように聞こえるが、この言葉にあてはめて考えてみると、プロ野球選手でいられる期間はせいぜい10年から15年、長くても20年くらいだろう。最近は工藤公康や昨年、中日を引退した山本昌のように、40代後半になってもプレーしている選手が出てきてはいる。けれども、これは特異なケースと言ってもいい。

だからこそ、現役時代に選手一人ひとりが心がけてほしいのが、人間的に成長しなければ、技術も伸びていかないということだ。プロ野球選手は、「野球をとったら何もない」という者も決して珍しくない。ほかならぬ私自身、「野村－(引く）野球＝ゼロ」と思っている。野球人である前に、一人の人間として、彼らが引退した後のことも踏まえて指導者は、組織論や人間学などをきちんと教育しなければならない。

「人生」という言葉には、さまざまな意味が込められている。

「人として生まれる」「人として生きる」「人を生かす」「人に生かされる」。それぞれの言葉の意味をかみしめ、大切にしていかなければ、充実した生き方などできないのではないだろうか。

それに人間形成は仕事を通じてなされていくものであると、私はそう信じている。野球が仕事であるならば、野球を通じて人生を知り、人間的に成長してこそ技術的進歩も実現する。そのために指導者は、選手に対する人間教育が必要不可欠となる。

そう考えていくと、大毎、阪急、近鉄で監督を歴任された西本幸雄《ゆきお》さんは、本当の意味で人間教育を選手たちに施していたのか疑問が残る。

西本さんは20年間の監督生活のなかで1384勝、リーグ優勝8回、Aクラス12回と輝かしい成績を残された。とくに阪急時代は長池徳士《あつし》、福本豊、山田久志、加藤英司《ひでじ》、近鉄時代には佐々木恭介、梨田昌孝、羽田《はだ》耕一、平野光泰らを育て上げた手腕はお見事と言っていいし、私が尊敬する監督の一人であることに変わりはない。

だが、西本さんはリーグ優勝を8回しながらも、一度も日本一になれなかった。そのうえ、監督となる人材を数多く輩出することができなかった。当時の阪急のメンバーで監督になったのは山田と西本さんの下でコーチを務めていた上田利治くらいで、近鉄では鈴木啓示《けいし》、佐々木、梨田くらいだった。だが、上田を除いてほかの者たちは監督として日本一に一度もなっていない。

これに対して巨人の川上哲治さんは、広岡達朗さん、藤田元司《もとし》さん、長嶋茂雄、王貞治、森祇晶ら、5人の日本一監督を輩出し、高田繁、土井正三、堀内恒夫らも監督となった。

いったい西本さんと川上さんは、どうしてここまでの差がついてしまったのだろうと考えたとき、失礼を承知で言わせてもらうと、「人間教育」にあると私は見ている。

後年、森に聞いたところによると、巨人監督時代の川上さんは野球の話はほとんどせず、人としていかに生きるべきか、あるいは人の和の大切さ、礼儀やマナーといった人間学を中心に話していたそうだ。野球人である前に、一人の人間としてあるべき姿を説き、ONすら特別扱いは一切せず、叱るときは徹底的に叱った。

これに対し、西本さんは野球学には熱心だったという話はよく耳にしていたが、川上さんのように人間教育には力を入れていなかった。そのことを如実に表すエピソードが、鈴木啓示の扱いである。

鈴木は通算317勝を挙げて、2002年に野球殿堂入りした名投手だ。けれども、当時は先発したエースが、翌日にリリーフ登板することを厭わなかった時代にあって、鈴木はリリーフをしたがらなかった。その姿勢は近鉄が優勝争いを演じ、天王山の試合においても変わらないでいた。

なぜエースである鈴木を大一番の試合でリリーフ起用しなかったのか、不思議に思った私が西本さんに質問してみると、驚くべき答えが返ってきた。

「オレは投手のことはようわからん。アイツは『リリーフやって無理して肩を壊したら、誰が責任をとるんですか』って反論してくるんだ。ノム、お前からアイツに意見してやってくれないか」

たしかに鈴木の答えにも一理はある。連投によって杉浦忠や稲尾和久は選手生命を縮ませたことはたしかだし、今の投手に同じことをしろと言うつもりは毛頭ない。

その是非はここでは置いておくとして、問題はなぜ鈴木に「この試合はオレが締める」と思わせることができなかったのか。鈴木にそうした気概があれば、周りの選手を奮い立たせ、チームに団結力を生み、大一番の勝負を制することだってできたはずだ。

私が思うに、西本さんが日頃から鈴木のわがままを認めてしまったがために、鈴木は「それが当然だ」と思ってしまったのだと分析している。

Ｖ９時代、巨人のエースだった堀内恒夫は、ライバルだった阪神戦になると３戦中１試合は必ず先発し、１試合はリリーフするというのが当たり前だった。巨人がＶ９を達成できたのは、堀内の獅子奮迅の活躍があったことも見逃してはならないし、川上さんだったら、鈴木のような言い分だって、決して認めていなかっただろう。

チームの中心選手とはいかなる存在であるべきか。西本さんが人間的な成長をうながす言葉を鈴木にかけていたなら、監督として違った結果になっていたはずだ。

無論、このことは鈴木自身にも言える。鈴木は近鉄の監督として１９９３年から３年間采配をふったが、チームの中心だった野茂英雄、吉井理人《まさと》から反旗を翻され、金村義明にいたっては、「最低の監督」と言われるありさまだった。それもこれも、現役時代、自己流を貫き通し、指導者になってからも選手にそれを押しつけたゆえに総スカンを食らってしまったのだろう。

鈴木が西本さんから人間教育を受けていたら、監督としてもっと違った結果になっていたに違いない。そう考えると、人間教育は監督と切っても切り離せないものであることを、再認識させられる思いがした。

## 「プロ」であるなら、その道の専門家になるべき

現役引退後、私は9年間テレビや新聞の評論活動をしていたが、世間の人たちが私に何を求めるか。立派な社会人であることもそうだが、やはり「野球のプロである」という目で見続けられたことで、しっかり勉強しなくてはならない、と襟《えり》を正したものだ。

ヤクルトの監督に就任したとき、「プロ野球選手であれば、野球博士であるべきだ」と考えていた私は、ルールから勉強させ、実際に審判を招いてルールテストをさせたこともあった。だが、ほとんどの選手が合格と呼ぶにはほど遠い内容の点数だったのだ。

また、シダックスの志太《しだ》勤《つとむ》会長の計らいで、社会人野球のシダックス野球部の監督に就任した際、「選手たちに正しい野球を教えてあげてください」と言われたときには、背筋がピンと張る思いだった。

「野村はプロ野球経験者なのだから、専門的なことを教えてくれるのだろう」と信頼していただいているからこその言葉だったが、技術論やルールはもとより、人間的な教育

や言葉の大切さを含めて、ありとあらゆる面で指導できなければならないと、志太会長のひと言から教えられた気がする。

とくに言葉の大切さについては、シダックスの監督時代にあらためて考えさせられたものだ。社会人野球の世界では、毎年各チームの監督やコーチを集め、さまざまな分野の第一人者を招いて講習会を開いている。私も受講生として参加していたのだが、このとき数人のプロ野球ＯＢが講師として呼ばれていた。

だが、話を聞くとあまりにもお粗末で、何が言いたいのかまったく伝わってこなかった。現役時代、巧打者で知られたあるプロ野球ＯＢは、

「バットが届くボールなら、何でも振っていけ」「選球眼なんかいらない」などと言うではないか。おそらく彼は、「積極性が大事なんだ」と言いたかったのだろう。

けれども、「積極性＝何でも振っていけ」ではあまりにも言葉が足りないし、真意が伝わらない。こんな論法で話をしていけば、受講者は間違いなく勘違いしてしまう。

彼は現役時代、天性だけで対応できる天才的な素質があった。「自分がそうだったから、ほかの人もできる」と思ったに違いない。そうだとしたら、どんなに技術があったって、受講者の立場からしたらなんの参考にもならない。

さすがに主催者側もこれではまずいと思ったのだろう。私のもとに歩み寄ってくるなり、「すみませんが、30分ほどお話していただけませんか」とお願いされたので、私が壇上でしゃべりだすと、それまでまったくメモをとろうとしていなかった受講者たちが、慌ただしくペンを動かしだした。

最後は余談だったが、残念ながらプロ野球出身者のほとんどは、「自分の経験をベースに指導を行なえばいい」くらいにしか考えていないのである。技術がない者にどう指導すればよいか、またどういう言葉で話せばより理解度を深めてもらえるか、もっとも大切なことにまで目がいっていない。

プロ野球の「プロ」は「プロセス」とともに、「プロフェッショナル」の意味もある。「私が現役時代、壁にぶつかったときにはこうやって乗り越えました」という話ができることは最低限である。それに加えて、自分の経験を超えた指導の引き出しを持ち、さらにはルールのことを聞かれて即座に答えられないようでは、プロフェッショナルとは言えない。

それにめったに起こらないプレーだからと言って、ルールを知っているか知らないかで、その場面でとっさに機転が利くことだってある。年に一度、使うか使わないかのトリックプレーだって、相手以上に「ウチは他のチームより進んだ野球をやっている」と優越感や優位感のようなものが生じる。これがチームにとって大きな効果を生むのだ。

私が楽天の監督時代、野球の深い話ができたのは、当時、中日の監督だった落合博満と、第2章でもお話したソフトバンクの内野守備走塁コーチだった森脇浩司くらいなものだった。とくに森脇は、楽天戦がある試合前の練習のときには、ノート1冊とボールペンを携帯して、私のところに話を聞きに来たものだ。

「プロなら知っていて当たり前」と思われているのであれば、指導する側は、「プロなのに知らないなんて恥ずかしい」といった恥の感覚を身につけておくべきだ。そうして常に勉強する意識を持ち続ける。

かくいう私だって60年以上、野球の世界に携わっていながら、野球の技術や戦術は次から次へと進化していくために、いまだに何が正しいのかわからない。答えが出ないからこそ、「もっと勉強したい」という意欲にかりたてられる。そう考えると、野球とは本当に奥が深いスポーツである。

## 子を見れば親がわかる、選手を見れば監督がわかる

昔、あるプロ野球のスカウトから聞いた話だが、ドラフト候補の選手を獲得するかどうかを検討する際、その子の実力だけでなく、両親のこともチェックするという。どういった家庭環境で育てたのか、あるいは両親も学生時代は何かスポーツに取り組んでいて、身体が丈夫で大きいかといった身体能力の面について調査するだけでなく、「普段から子どもとどう接しているのかをチェックすることが大切なんです」と力説していた。

たとえば甲子園で活躍した好素材であっても、親の前ではわがままにふるまったり、甘えているような姿を見せるような選手だと、プロに入ってから必ず苦労する。うまくいっているうちはいいが、そんなのはごくわずかな期間にすぎず、いったん壁にぶつかると、困難を乗り越えようとする姿勢に欠けていることが多いのだという。

そうした気質を持った選手では、うまくいかないことに腹を立てて、やがて自暴自棄となり、せっかくのチャンスをフイにする可能性が高い。

反対に親の前でも、監督や他の選手と変わらず礼儀正しく振る舞える選手は、見込みがあると判断している。これは、小さな頃から親が厳しくしつけた証《あかし》でもあり、技術的に未熟でも、プロの世界で揉まれることで、グンとよくなることがあるからだ。

私の現役時代は、戦争を体験していたせいもあり、早く親から自立したい、あるいは苦労ばかりしてきた親に孝行したいと考えている選手が多かった。

だが、今は違う。モノは過剰なほどあふれ、会話をしなくても携帯でメールをするだけでコミュニケーションが成立してしまうような時代だ。たしかに昔より便利になったことは多いかもしれないが、だからといってそれがすべてよいとも、私には思えない。昔も今も、変わらず大切なのは、親のわが子に対するしつけだ。

さらに言えば、プロに入団後は、監督の指導が行き届いているか、選手の姿を見ればわかる。茶髪にヒゲ、長髪を許す監督などもってのほかだ。第2章でも書いたが、日本ハムの中田翔や陽岱鋼らの風貌を見る限り、監督である栗山英樹が彼らに対して、野球だけでなく身だしなみまで厳しく指導しているとはとても思えない。

今の野球界は、「ただ勝てばいい」「選手には技術指導だけしていればいい」という考え方が蔓延している。本来であれば、野球だけでなく、身だしなみや人に対する気遣いなど、野球人である前に一社会人としての一般常識やマナーを厳しく指導した「人づくり」も、チームのトップである監督は怠ってはならないはずだ。

だが、現実はどうだろう。巨人を除く11球団の選手が、茶髪や長髪、ヒゲは当たり前となってしまい、世の中に通用する秩序が失われようとしている。

清原和博の現役時代の晩年の姿を見て、子どもたちにどう思われてしまうか、彼自身、一度でも考えたことがあるのだろうか。耳にダイヤのついたピアスをして、肌は浅黒くコワモテの風貌を醸し、子どもたちに「マネしなさい」という指導者は、全国に一人もいないはずだ。清原ほどの大選手が、球界から監督やコーチとして一度もお呼びがかからないのはなぜかを考えてみれば、その答えは一目瞭然だろう。

また、ひとたび乱闘劇が起こると、一斉に「子どもの教育によくない」「子どもたちに悪影響を及ぼしかねない」などと非難するのに、こうした事項は子どもたちに悪影響を及ぼさないとでも言うのだろうか。私にはそうは思えない。

その点を一つひとつひも解いて考えていくと、今のプロ野球選手のほとんどは、家庭や学校で常識やしつけ、マナーなどを教えられていないと考えたほうがよい。現代の若者はすべて親や指導者、すなわち大人が作っているということを、忘れてはならない。

## 実力が未知数の新人は、徹底的に観察して見極める

プロ野球の世界での成功を夢見て、毎年秋のドラフトでは有望なアマチュア選手が入団してくる。高校から直接入団してくる選手もいれば、大学、社会人を経由して入団してくる選手、最近だと独立リーグを経験して入ってくる選手も少なくない。

だが、プロで通用するだけの体力や技術が備わっているかと言えば、そうでもない。ドラフトの上位指名で入団した選手はさすがに即戦力の評価を得ていたわけだから、それなりのスキルを持っているが、下位指名された選手だと、2～3年先の将来性を買われて入団してくるケースが比較的多い。

そこで私は新人選手に対しては、あれこれ指導したりせずにじっと見守ることにしている。スカウトが見定めて指名した選手たちである。どこかに必ずキラリと光るものがあって獲得しているわけだから、能力的には期待できるはずだ。

それならむしろプロの世界に入ってきて、野球に対する取り組み方は真面目なのか、

あるいは自ら考えながら練習しているのか、手を抜いて適当に練習をしていないかどうかなどを観察することで、その選手の性格を見抜くようにしていた。

「人生とは評価に始まって評価に終わる」。これは私がミーティングで選手に話していたことだ。結局、人生は他人からの評価で決まってしまう。そしてどこまでいっても他人からの評価から逃れることはできない。

この大前提を理解していれば、「どうすれば評価を上げられるか。どうしたら監督の目に留まるのか。そのために今、自分は何をすればよいのか」と自然に考えることができる。それさえ理解していれば、右も左もわからないプロ野球の世界に足を踏み入れたとしても、自らの手で切り開いていくことができる。

プロ野球の選手は、自分がいくらなりたいと思っても、そう簡単になれる職業ではない。幼少の頃から野球を始め、高校、大学、社会人と続けていくなかで周りが評価し、スカウトが認めてくれて、晴れてドラフトで指名されてできる仕事だ。一球団あたり6～7人ほど指名されることを考えると、毎年70～80人は12球団のどこかのチームに入団している計算になる。その意味では、その選手のこれまでの地道に努力している姿を、どこかで見てくれた人がいて、またそれを認めてくれた人がいたということだろう。

新人にとって一番大切なのは、野球をすることが仕事だと自覚して、真摯《しんし》に取り組んでいるかという姿勢である。無論、2年目以降の選手にも同様のことが言えるのではあるが、そのような気持ちを持ち続けるために普段からどのようなことを考えているのかをいち早くつかむのも、指導者の大切な役割である。

## 名参謀が名監督になれない理由

野球界では名選手が名監督になることは難しいと言われているが、名参謀や名コーチが監督に向いているかと言えば、これもまた違う。こと野球に関する知識や理論に関しては、監督以上に優れている人物はいる。私が南海時代、選手兼任監督だったときに、ヘッドコーチの就任をお願いしたドン・ブレイザーは、まさにそんな人物だった。

ブレイザーは選手としてメジャーリーグの経験も豊富で、メジャーの情報とともに、野球に関する彼の哲学や知識を聞くたびに、深い感銘を受けた。進塁打や状況に応じた走塁の仕方、併殺打を避けるための効果的なスライディング、外野に抜けた打球を追ったときの中継プレーにおけるカットマンの役割といった、当時の日本にはなかった概念を持ち込んだ。彼は日本における「シンキング・ベースボール」の開祖である。

私が監督要請をされた当時の南海は、鶴岡監督時代の精神野球から脱却できないままで、戦力的にも厳しい状況下にいた。打線も頼れる選手はほとんどおらず、かといってお金にシビアな南海では補強もままならない。限られた戦力で他チームと対等に戦うには、才能あふれる選手をスカウトするよりも、後に私が「無形の力」と呼ぶことになる知力を最大限に利用するしかなかった。

そこで、私はブレイザーのヘッドコーチ起用を決断したのだが、彼の理論に南海の選手は圧倒され、全員の意識を変えていった。当初はブレイザーが外国人であるということで、拒否反応を示していた選手もいた。だが、「こうすれば勝てる」と言われ実践したところ、そのとおりの結果が出てくるようになると、不満を持っていた選手も納得せざるを得ない。やがて「この人についていこう」という信頼関係も生まれてくる。私がブレイザーを右腕として重宝したのも、彼の卓越した理論を評価してのことであった。

だが、そのブレイザーも後に阪神で1979年から2年間、南海で1981年から2年間、監督を務めることとなったが、4位が1回、5位が2回、最下位が1回と、まったくふるわなかった。はっきり言って監督としては失敗したと見るべきだろう。

では、なぜ名参謀は名監督になれないのだろうか。これは私の考えだが、監督と参謀では求められるものが違っているからだと思う。監督は作戦を立てて選手を起用し、優勝に向けてチームをマネージメントしていく。一方の参謀は野球の技術や知識を選手に伝え、その才能や技量を伸ばすことが最大の仕事とされている。

当然、両者では求められる能力に違いがある。参謀が選手のコンディションや技術を見極め、正しい判断を監督に報告するが、それをもとに実際に作戦を立てるのを決断するのは監督である。

判断のベースとなるのは、野球の知識や考え方などだが、決断するにはリーダーシップや人としての度量、部下に緊張感を持たせるような威厳や風格など、野球以外の要素も必要になる。鶴岡さんとブレイザーを比較しても、そのあたりの違いは大きい。

最近で言えば、伊原春樹が挙げられる。伊原は西武、巨人などでヘッドコーチなどを務めた一方で、西武、オリックスで3年強、監督をやっていたが、こと監督としては成功したとは言い難かった。たしかに西武の監督を務めた2002年はリーグ優勝したが、2003年までの2年で退任した後、2004年のオリックス、2014年の西武のときはともに下位に低迷している。ただ、私が阪神の監督時代に、彼をヘッドコーチとして招いたことがあったが、目立ちたがりな一面があったことも知っている。そうした性格も災いしたこともあったのかもしれない。

これが、「名参謀必ずしも名監督にならず」という理由なのではないだろうか。

# 第5章

# 「期待できる人材は若手にはいない」という現実

## 後継者を育てなかったことが、最大の後悔である

現在、大いに後悔していることがある。それはプロ野球の監督になるべく人材、つまり監督の後継者を育てきれなかったことだ。ヤクルトの監督時代、私は2人の監督候補者を指導した。一人が若松勉《つとむ》、もう一人が古田敦也だ。

あるとき、私は当時の球団社長に、「私の次の監督は誰なんですか？」と聞いたことがある。そのときは明言を避けたが、若松が1993年からヤクルトの一軍打撃コーチとして再びユニフォームに袖を通し、1995年と1996年の2年間を二軍監督、1997年から再び一軍の打撃コーチに就いたあたりから、「ああ、次の監督は若松なんだな」と察知し、「いいか、ベンチ内ではオレのそばから離れるな」と言って、試合中に解説を交えながら彼を指導していた。

「ここは間違いなく走ってくるぞ」「次のボールで相手チームはスクイズやってくるぞ」と私がブツブツ言っていると、次々と的中していった。若松は「どうして次々とわ

かるんですか!?」と目を白黒させながらこう言っていたものだが、野球にはセオリーがある。

イニングや得点差、アウトカウントやランナーの有無によって、次に訪れるであろう展開はおおよそ読めてくる。長年の経験とデータ、さらには相手選手のちょっとした挙動からそれを当てたにすぎないのだが、若松からしてみれば私のことを預言者のように感じていたに違いない。

彼がヤクルトに復帰して以降のチームの順位は、優勝、4位、優勝、4位、優勝、4位と繰り返してきていたから、優勝したときのチームの雰囲気、あるいは今一つ波に乗り切れずに下位に低迷しているときなど、つぶさに感じ取ることができたのだろう。

彼はヤクルトの監督の在任期間の7年間、リーグ優勝1回、日本一1回、Aクラス4回という成績をおさめた。とくに2001年に優勝した年から4年連続でAクラスを確保していたことを考えると、まずまずの数字だったと見るべきだろう。

これに対して、古田は思うような結果が残せなかった。彼の誤算は二つ、一つは選手兼任監督になったこと、二つ目はヘッドコーチの選択ミスである。

古田の経歴はここで説明するまでもない。社会人野球出身の捕手として初となる二千本安打を記録し、名実ともにヤクルトの顔となり、満を持しての監督就任、正確には選手兼任監督となった。

だが、選手兼任監督は、試合に出場しつつ采配をふらなければならない。私自身、南海時代にそれを経験していたわけだから、大変さは身にしみてよくわかる。それに昔以上に今は緻密《ちみつ》な野球をやっているから、監督に求められる仕事量も多い。

そこで参謀、つまりヘッドコーチに誰を据えるかというのが最大のポイントとなってくる。ここで古田が選んだのは伊東昭光だった。現役時代、投手だった伊東は古田より年上で2人とも仲がよかったが、それがよくない。

ヘッドコーチはときには監督に対して、厳しい意見を言わなければならない。とくにチームの負けが込んできたとき、冷静に現状を分析し、打開策を監督に進言するのもヘッドコーチの仕事だ。親しい友人関係であっては、どうしてもこの役割が果たせなくなってしまう。「嫌われ役になることを厭わない」人間こそが、ヘッドコーチに向いている。

さらに言えば、古田は監督向きの人間ではなかった。古田は捕手出身でありながら、性格的には「オレが、オレが」という投手寄りの考え方をしていた。つまり、自分中心の考え方をしがちだ。

その結果、古田が監督のときにはチームの内部で古田派と反古田派とに分かれていたと聞く。ヤクルトのフロントだって、そうした声は耳にしていたであろう。チームを一つにまとめることができないようでは、監督失格だ。

古田自身、こうした考え方を変えない限り、もう一度監督になったとしても同じことを繰り返すであろう。真中が監督1年目でリーグ優勝した今、ヤクルトでの監督再登板は難しいにしても、よその球団からお呼びがかかるかどうかは、こうした過去の失敗をどう反省し、次に生かそうとしていくかにかかっている。私としては、古田が監督としても成功することを願っている。

## 外野手出身者に名監督は少ない

長い間プロ野球を見ていると、さまざまなことに気づかされることがある。その一つに、「外野手出身に名監督はいない」ということだ。そのことは長いプロ野球の歴史が証明している。古くは別当薫《べっとうかおる》さん、与那嶺《よなみね》要さん、大沢啓二さん、山内一弘さん、高田繁、山本浩二、真弓明信らが挙げられる。

たしかに与那嶺さんや大沢さん、山本らはリーグ優勝はしているが、日本一にはなっていない。外野手出身でリーグ優勝と日本一の両方を経験した監督と言えば、ヤクルトの若松勉、ソフトバンクの秋山幸二くらいだ。

外野手出身者に名監督が生まれにくいのはなぜか、考えられることは一つある。それは、守備のことよりも打撃のことだけ考えていればいいポジションだからだ。

たとえば外野手の場合、前の打席で空振り三振したとする。このようなとき、守備位置についてから真っ先に考えるのは、三振した内容を振り返ることだけだ。「あのボールを仕留めておくべきだった」「ボール球に手を出すんじゃなかった」などと、自分の打席のことで頭がいっぱいで、次のイニングの守備の際のプレーのことなど考えが及ばない。

それはそうだろう。外野手は飛んで来たボールを処理して速やかに内野手に返球するだけだから、相手打者への配球がどうとか、どうやって打ち取ればいいのかなど考える必要がない。つまり、いざ監督になったとしても、考えることが習慣化していないから、「ここは思い切って攻めていけ」「とにかく守りきれ」などと精神論を前面に出した野球になりがちだ。

では、日本一になった若松や秋山は、他の外野手出身の監督たちとはどう違ったのか。実はある共通点がある。それは、2人とも二軍監督を経験していることだ。

若松はヤクルトで2年間、秋山はソフトバンクで2年間、下積みを経験した。この点が他の外野出身の監督と違う点だ。

外野手は打撃重視のポジションのため、本塁打王や打点王、首位打者などの打撃部門でのタイトルホルダーが多い。それゆえにファンの間から「あの選手の現役時代はすごかった」などとイメージされ、人気もある。「あの人は人気があって、集客力があるだろうから、監督にしてみよう」と考える球団幹部がいたって不思議なことではない。だが、私に言わせればそれこそが間違いのもとなのだ。「人気がある」ことと、「指導力、采配能力がある」ことはまったくの別物だ。その点を理解されていない球団幹部のなんと多いことか。

外野手は守備範囲が広いため、走攻守のうち「走」と「守」の能力が求められる。それはプレーヤーの本能と言い換えてもいい。だが、野球を分析する能力は別物だ。相手の投手や打者にいたるまで、あるいは相手の監督が何を考えているのかなど、ありとあらゆる戦術を先回りして考え、備えておかなければならない。その能力が外野手出身の監督は著しく欠けていると考えてよい。

2015年のオフ、セ・リーグの監督は、巨人、阪神、DeNAと3球団の監督が代わった。それだけではなく、全員が40代、中日を除く5球団が外野手出身の監督となった。

だが、はたして本当にこれでよい野球ができるのだろうか。ファンが面白がるだけではなく、「なるほどっ!」と思わせるような野球を見せてくれるとは、到底思えないメンツばかりだから、期待よりも不安が先に募る。

実より名をとったとしか思えない人選に、私はただただ呆れてしまうばかりだが、あるとき山本浩二に、

「ノムサン、ひどいですよ。外野手出身者に名監督はいないなんて、そんなことありませんよ！」

と言われてしまった。

私がどこかでこの話をしていたのを聞いたみたいだが、彼は自分が名監督だと考えているらしい。広島だけでなく、ＷＢＣでの結果を見ればどうなのかは気づきそうなものだが、誤解を与えないためにも、また事実ではあるから、「外野手出身監督で名監督は少ない」とだけ言っておくことにしよう。

## 楽天の梨田監督に期待していること

2016年のプロ野球の監督は5人が交代した。そのうちの一人、楽天の新監督に就任した梨田昌孝には捕手出身ということで注目している。

梨田は近鉄出身の選手だ。西本さん、仰木彬《おおぎあきら》の下で働き、監督とはどういう存在であるべきか、しかと学んだことだろう。そして鈴木啓示が監督を務めたときにはコーチとして、いい意味で学んだことも多々あったと思う。

第4章でも書いたが、最近の指導者はコミュニケーションが求められ、選手は「教えてもらうのが当たり前」と捉えがちだが、梨田は自分の努力で自身を成長させることに重点を置いた指導をしているという。つまり、プロ野球の世界で大成するには、自己成長すること以外に道はないと考えているのだ。

それに彼は鉄拳制裁にも否定的だ。聞けば梨田の出身校の浜田高校は、島根県下でも有数の進学校で、野球部に封建的な体質は一切なかったという。こうした点については、私と考え方が一致している。

私は近鉄出身者は名監督になれないと思っているが、梨田は数少ないまともな監督の一人だと思っている。まずは守りから入った野球をしてくるだろうし、なぜ2年連続最下位になったのかを分析し、きちんと立て直してくれるものだと信じている。

余談だが、楽天の監督は田尾安志《やすし》に始まり、私、マーティ・ブラウン、星野仙一、大久保博元と続いたが、田尾が1年、私が4年、ブラウンが1年、星野が4年、大久保が1年と、1年と4年の監督在任期間を繰り返してきた。単なる偶然かもしれないが、この法則に当てはめると、梨田は4年間、監督を務めることになるのだが、はたしてどうなるだろうか。

2013年のリーグ優勝、日本一が遠い昔のように感じる楽天だが、すべての戦力に対して適材適所の起用をすれば、ソフトバンクといい勝負ができるのではないだろうか。私自身、かつて監督を務めたチームだけに、梨田の手腕に期待したいところである。

## 捕手の人材不足が起こっている

日本シリーズには負けたものの、ヤクルトの中村悠平は、捕手として大きな財産をつかんだ。それは「1球の怖さ」を知ったからである。

捕手が出す指一本のサインで、試合の行方は変わっていく。緊迫した投手戦が一転、1球のミスで乱打戦になることだってある。つまり、捕手が試合のシナリオを描いているといっても過言ではない。

苦労が多い割には報われない。それも捕手というポジションの宿命ではあるが、守備についたときに監督代行の役割を果たすのも捕手である。それだけの責任があるからこそ、嫌でも野球を勉強し、勉強したことが実践を通じて、血となり肉となる。

現在、ヤクルトの一軍バッテリーコーチは、私の息子の克則《かつのり》である。彼もまた、指導者として日本シリーズを経験して、中村とともに大きく育っていくことを期待したい。

その一方で、球界には深刻な問題が露呈している。それは捕手の人材不足だ。

現在、12球団を見渡して「これは！」と思う捕手は誰かと聞かれれば、実は誰もいないと答えるしかない。今やベテランの域に入った巨人の阿部慎之助やFAで西武からソフトバンクに移籍した細川亨ら、一応候補者らしき人材を挙げてみたものの、「分析」「観察（目に見えるものを見る）」「洞察（目に見えないもの＝心理を読む）」「判断」「記憶」の5つがまだまだ不足している。

なかでも阪神はひどい。矢野燿大《あきひろ》、城島健司が引退してからというもの、彼らの力を補うために、一時期はFAで楽天から藤井彰人《あきひと》、オリックスから日高剛《たけし》、そして横浜から鶴岡一成《かずなり》を獲得したものの、正捕手不在のまま3年以上が過ぎた。いったい阪神には自前の若手捕手を育てる気はあるのかと、首脳陣の指導方針に対して疑問は尽きないままだ。

実はこうした現状が来ることとは、今から25年以上前に予想していた。私は野球評論家時代に、港東ムースというリトルシニアリーグの監督を務めていた時期があったのだが、誰一人として捕手をやりたがろうとしなかった。私が捕手に向いていそうな子を指名して、何とか事なきを得たものの、捕手というポジションの魅力や面白さに気づかないことに対して、私は少なからずショックを受けた。

いつの時代もそうだろうが、野球をやっていてみんなが一度はやってみたいと思うポジションは投手だ。小高いマウンドの上から打者相手に投げ、ビシビシストライクをとって三振や凡打に抑える姿は、誰が見ていても格好いいと思うものだ。

そして私の時代は、投手に次いで人気が高かったのが捕手だった。マスクをかぶり、プロテクターやレガースをつけて守備につく。全身を装備で身を固めて野手に対して指示を送る姿に憧れて、捕手をやっていた子どもが、当時は多数いたものだ。

ところが今の子どもたちは違う。捕手のフル装備や、立ったり座ったり、あるいは内野にゴロが飛んだら、一塁にカバーに行かなければならない姿を目にして、「きつそう」「辛そう」「夏場は汗をかいて大変そう」などと、まったくよいイメージが湧かないと答えているではないか。私は子どもたちの話を聞きながら、「将来的に捕手受難の時代が来るぞ」と予測していたが、図らずもその予感は的中してしまった。

今の子どもたちが憧れる捕手と言えば、間違いなく巨人の阿部だった。だが、彼が突出しているのはリード面ではなくて、3割を打ち、ホームランも30本以上打てる卓越した打撃技術のほうだ。「打撃は2割5分でいいから、配球を徹底的に勉強しなさい」と言ってスタメン起用し続けた古田敦也とは、やはり大きな差異がある。今の阿部が古田の域に達したかと言えばまだまだ物足りない。

そんな矢先、阿部は一塁へコンバートされ、持ち味だった打撃力まで低下してしまった感がある。2016年は阿部を試合の終盤で捕手として起用する、いわゆる「抑えの捕手」という役割を高橋由伸《よしのぶ》監督は担わせるそうだが、阿部にとっても、巨人にとっても中途半端な結果に終わるような気がしてならない。

阿部は今年で37歳を超えるが、まだまだもうひと花咲かすことのできる年齢だし、捕手としてはこれからが味のあるリードをできるようになる年齢である。ぜひとも捕手に必要な5つの要素を追い求めてもらいたいし、子どもたちが「捕手をやりたい」と憧れるポジションに戻してほしいと願っている。

## 球団は優秀な選手の獲得よりも、監督の質の向上に努めよ

強いチームにするにはどうすればいいか、と聞かれたら、たいていの監督は「優秀な選手を獲得する」と言うだろう。ＦＡもあれば、メジャーの３Ａあたりにスカウトを派遣して、日本の野球に合いそうなタイプの外国人選手を獲ってくることだってある。

だが、はたして本当にそれでいいのだろうか。私はチームを強くするには、監督の質を向上させなければいけないと思っている。

そこで、監督を誰が指導するのか。それはプロ野球のＯＢではなく、各チームのオーナーに任せればよい。私は本気でそう考えている。

プロ野球選手は無知無学、いわゆる野球バカが多い。野球のことは知っていても、一般企業のように新人研修を受けたり、常識的なビジネスマナーを身につけていない輩も実際に多い。だからこそ、リーダー論や組織をまとめるノウハウを積極的に話すべきだ。

球団のオーナーは、会社の社長や会長職にいる人が多い。そのため、社員教育という

名目で社員たちにいろいろな話をしてきたはずだ。野球は専門外、経験がないからと距離を置いているのかもしれないが、組織人として見習わなければならない点はたくさんあるだろう。

また、監督が育たない要因の一つに、短い在任期間が挙げられる。最近は新しく監督が就任しても、結果が出なければ1、2年でクビ、もしくは途中休養させるなんてことだってある。こんな状況では、監督に就任しても結果ばかりに目が向いてしまう。リーダー論や組織論を学ぶ余裕はまったくない。

近年では2015年に退任した巨人の原が一次政権と合わせて12年。これは異例の長さと言っていい。だが、それ以外となると、梨田の9年（近鉄で5年、日本ハムで4年）、ロッテの伊東の7年（西武で4年、ロッテで3年）がこれに続き、2016年でそれぞれ10年目、8年目を迎えるが、現在の監督ではこれが最長である。原のように同一チームで最長となると、日本ハムの栗山の4年（2016年で5年目）しかない。

そう考えると、鶴岡さんの23年は長かった。もちろん実績も残しているし、その間、黄金時代も見事に作り上げている。

かくいう私も、ヤクルト時代は9年間、監督を務めた。1年目は選手の能力を見極め、古田を抜擢し、生え抜きの選手たちの育成にも時間を割いて指導することができた。そのおかげで、9年のうち4度のリーグ優勝、3度の日本一に輝いた。

だが、今は就任1年目から優勝を命題に掲げて指揮を執らざるを得ない状況だ。それがとん挫し、下位に低迷しようものなら、「はい、お疲れさん」とばかりに肩を叩かれて終わってしまう。これではいつまで経ってもよい監督は育たない。

日本のプロ野球の将来を考えたら、選手以上に監督の育成は急務だ。その危機意識を球団のオーナーは持ち続け、自前で名監督を育てるシステムを構築していいのではないだろうか。そうしないと監督受難の時代はますます進んでいくのではないかと、私は強く危惧するのである。

## 「人気」だけの監督はもう止めにしないか

長いことプロ野球界に携わってきた私だが、どうしても解けない答えがある。それは「人気」だ。これだけは今でも実体がわからない。

若い人たちはご存じないかもしれないが、昔、喜劇役者の藤山寛美《かんび》さんに人気とは何か、尋ねたことがある。藤山さんは松竹新喜劇が生んだスーパースターで、大変な人気者だった。そのとき返ってきたのが次の言葉だ。

「難しいですね。自分の気と書いて〝にんき〟と読むなら自分の力でどうにかできますが、〝人の気〟と書くのだから、自分の力だけではどうにもならない」

藤山さんでも〝人の気〟を動かすのは至難の業であるというのだろう。人気というのは理屈では説明できないし、誰にもその実体を説明することはできない。

だからであろう、「あの人は現役時代に人気があった」というだけで、プロ野球の監督に据えるのが、最近の傾向で見てとれる。ＤｅＮＡの中畑の次はラミレスという流れは、「チームの成績は二の次で、お客さんさえ集まればそれでいい」と球団の上層部は考えているんじゃないかと勘繰りたくもなる。

たしかにプロ野球は興業であり、人気のあるなしも商売としては大事であろう。だが、ファンに支持され、魅力のあるチームを作るにはどうすればよいかについては考えても、個々の選手の教育はどうやればいいのかについて考えている球団は少ない、というか皆無のように思えて仕方がない。

第2章でお話したとおり、その最たる例が巨人だといっても過言ではない。かつての巨人、とりわけV9時代の川上さんが監督のときには、人間教育に力を注いでいた。とくに職人気質の多いプロ野球選手だからこそ、自分一人の力でうまくなったと思わせず、素直さや謙虚さ、あるいは野球以外の一般常識にいたるまで選手を指導し、一般社会でも通用するような人間性を身につけさせなければならない。だからこそ、当時の巨人には野球バカになる人間は少なかった。

だが、今の巨人は違う。おそらく昨季までの原監督は、選手に野球の話しかしてこなかったのだろう。そうでなければ、野球賭博の問題が起きることはなかったはずだ。第2章でもお話したが、今回の一件は、巨人の球団史に永久に泥を塗る不祥事となってしまった感は否めない。

いい加減、かつてはチームのエースだった、あるいは4番やクリーンナップを打っていたという、チームの人気者だった人を監督に据える人事は止めにしたほうがいいと思う。それより大事なのは、「この人についていきたい！」と思わせる信頼できる人物を、監督に推すべきである。

「信は万物の基をなす」とはよく言ったもので、選手から信頼されるのは、優れた技術やたくさんの知識を持っていたり、素晴らしい成果を挙げている人間ではない。要は「人として尊敬できるかどうか」だ。

そのためには野球の技術だけでなく、人間学、社会学といった人間教育にも時間と労力を割き、組織づくりをしていける人物こそが、監督にふさわしいと私は考えているのだが、球界を見渡すとそうした人材が乏しいのは寂しい限りだ。

## 若い世代で期待できる監督候補の人物とは

今の40代以上のプロ野球OBで期待できる人材と言えば、ヤクルトにいた宮本慎也くらいなものだろうか。稲葉篤紀も期待したいが、外野手だったのが気にかかる。

1994年に大学、社会人を経てドラフト2位でヤクルトに入団した宮本は、高校時代に全国制覇を経験し、その後も野球界のエリートコースを歩んできた、いわば優等生だ。

だが、宮本は打撃は非力で、入団当初はまったくと言っていいほど使い物にならなかった。この部分だけを見たら、とてもじゃないが、プロでは通用しないと一瞬考えてしまったものだ。

だが、それを補ったのは彼の守備力で、ゴロさばきやバウンドの合わせ方、送球のコントロールにいたるまで、流れるような動きは一級品そのものだった。チーム内を見渡しても、彼と同じレベルの選手は遊撃で不動のレギュラーとなっていた池山隆寛くらいだったが、その池山もアキレス腱に爆弾を抱え、遊撃の守備範囲は故障前と比べて狭くなっていた。

そこで私はルーキーの宮本の守備力の高さに期待して、池山を三塁にコンバートし、彼を遊撃に抜擢した。ただし宮本には、「お前さんは自衛隊だ。つまり守るのみ。打順は8番をくれてやるが、バントと右打ち（進塁打）の技術を磨きなさい」とあらかじめ伝えてグラウンドに送り出した。

宮本自身、私の言葉が腑に落ちたのだろう。その後の彼は、犠打と右打ちが代名詞となり、職人技の域に達した。そして入団18年目の2012年、41歳5ヵ月にして2000本安打を打ち、この年同時に400犠打も達成した。2000本安打を打ち、400犠打を達成したのは、後にも先にも宮本だけである。通算ホームラン数も62本と少なく、大振りせずにコンパクトにスイングすることだけに徹した結果だった。

宮本は身長177㎝とプロのなかでは決して身体が大きいわけではない。一生懸命4番打者のマネをして大振りしたところで結果がついてくるわけではない。宮本自身、何を期待されてレギュラーを任されているのか、私の言葉を汲み取っていた。彼は主役の座を追い求めずに、見事なまでの脇役を演じきったのだ。

思えばかつてのＶ９時代の巨人がそうだった。３番に王、４番を長嶋に打たせ、重量打線を組むのかと思いきや、１番は足の速い柴田勲、２番は小技のうまい土井正三を置き、適材適所に打順を配置していた。主役と脇役がそれぞれ自分の役割を果たしていたからこそ、チームとして打線が機能していたのだ。巨人がＶ９という偉業を達成できたのも、川上さんが各選手の特性を見極めた結果である。

引退時の記者会見で宮本は、「野村監督にプロで生きる術を教わった。足を向けて寝られない」とコメントを残してくれた。まさに指導者冥利に尽きる言葉だった。

実はこの会見の前、彼は私の自宅まで引退の報告に訪れ、「ここまで僕がプロの世界で生きてこられたのは、野村監督のおかげです」と感謝の言葉を直接言ってくれた。こうした気遣いはなかなかできるものではない。

彼は野球のプレーだけでなく、周囲の人間に気配りのできる人格者だということも、ここに記しておきたい。

## 指導者として松井には期待するが、イチローには期待しない

正直なところ、私はメジャーリーグは好きではない。日本で育てた選手たちがこぞって挑戦したがる気持ちはわからなくはないが、昔に比べ、チーム数が大幅に増えてしまい、その分プレーの質が低下したように思えて仕方がない。日本よりも明らかに上回るものがあるとしたら、それは年俸くらいなものだろう。

そんななか、私は松井秀喜には期待したい。巨人としては松井に春季キャンプで臨時コーチをお願いするなど、本人の気を引こうとしているが、肝心の松井本人はアメリカに住居を構えていることもあってか、あまり乗り気でないようだ。

彼は現役時代、年俸以外にCMにもバンバン出ていた時期があったので、お金にはまったく困っていないのだろうが、お金の問題ではなく、アメリカで培った数多くの経験という財産を、指導者として日本に持ち帰ってきてほしい。

名門のニューヨーク・ヤンキースで4番を打ち、現役の晩年はヒザの故障のため、思

うような活躍ができずにチームを転々とする苦労まで味わった。誰もが経験できないようなことを、松井はアメリカに渡ってやってきたからこそ、そのいいところを日本で伝承してほしいのだ。外野手出身という点を差し引いても、十分に期待できる。

そうなれば新しいタイプの指導者像が誕生するかもしれない。今の日本の閉塞感に満ちている野球界の現状に風穴を開けてほしいと願っている。

それに対してイチローには、あまり期待していない。はっきり言うが日本はもとより、アメリカでもいい評判は聞かない。野球はチームプレーであるにもかかわらず、自分のことしか考えていないように映る。同僚から人気がないというのは、そのあたりに要因があるのだろう。

たしかに数字だけ見れば大選手の域に達している。２０１５年時点で日米通算４２１３安打、アメリカだけでも２９３５安打で、３０００本まであと65本に迫っている。アメリカの野球殿堂入りだって間違いないだろう。

だが、それと監督としての能力は別物だ。１番打者でありながら、ほとんどの年で四球が50未満しかなく、カウントが３ボールとなっても四球を選ばず、打ちにいって凡打することも多々あったのだから、自分本位もいいところで、指導者になった場合、選手がついてくるかどうか、大いに疑問符がつく。

それに数字はさておき、彼はワールドシリーズを制覇したことが一度もない。メジャーに行った選手たちのなかには、「ワールドシリーズで優勝してチャンピオンリングをもらうこと」を目標の一つにしている連中もいるそうだが、彼は15年の間にチャンピオンリングはおろか、ワールドシリーズにさえ出場したことがない。

松井は２００９年にワールドシリーズで大活躍し、ヤンキースをワールドチャンピオンに導き、自らもＭＶＰを獲るほどの活躍ぶりだったが、イチローがヤンキースに移籍した２０１２年以降は、チームが過渡期に入り、縁遠いものとなってしまった。

だが、私から言わせれば、トレードに出されること自体、何か欠陥があるからで、チームの顔のような選手は、なかなかトレードに出されないものだ。彼のように大選手クラスの成績を残していれば、なおさらだ。

イチローがこのような選手になってしまったのは、当時の仰木彬監督がきちんと教育していなかったからだ。仰木は西鉄の出身で、日本三大監督の一人の三原脩さんの下で育ったが、三原さんは選手の機嫌をとりながら采配をふっていたと聞く。

それに立ち居振る舞いや言動なども、三原さんにそっくりだった。西鉄のなかでも三原さんに一番可愛がられたのは、ほかでもない仰木だった。そういう点で言えば、仰木の罪は重い。

イチローには毎年のようにオリックスの宮内義彦オーナーから監督の打診があると聞いている。だが、イチローのように自分勝手にふるまう選手には、監督になってもらいたくない。それが私の本心である。

## 金本の責任感の強さを、阪神の選手に植えつけてほしい

阪神の監督が金本知憲に決まったとき、彼ならチームが引き締まるだろうと安心した。金本は私が見てきた歴代のプロ野球選手のなかでも、トップクラスの責任感を持っていた。彼が阪神に入ったことで、選手に好影響を与えたと言われているが、それ以上に素晴らしいのは、多少のケガでは休まなかったことだ。

「ケガをしていても、自分で言わなければケガじゃない」

そう言って、実際に左手首を骨折したままで試合に出場し、右腕一本でライト前にヒットを打ったこともあった。その影響で阪神の選手もちょっとやそっとのことではケガで休まなくなった。だがそれは、これまでいかに多くの選手がちょっとしたケガで休んでいたのかという裏返しでもある。

現役時代の私は、金本と同じようにケガをおしてでも試合に出た。4番の私が簡単に休んでしまっては、チームの士気に影響するという責任感もあったが、その一方で休ん

でいる間に捕手のポジションを奪われるのではないかという恐怖感もあった。

投手はエース以外に何人いてもよい。長いシーズンを乗り切るのに先発は5、6人必要だし、中継ぎ、抑えも勝ち試合だけで3、4人は必要だ。しかし、捕手のポジションは一つしかない。他の控え選手が試合に出場するためには、レギュラーの座を奪い取るしかないのだ。私はそのことが怖かった。

金本同様、私も骨折をおして試合に出場していたことがある。まだレギュラーになって間もない頃、左手の親指を骨折した。病院で特製のギブスを作ってもらい、指をサポートしていたが、投手のボールをミットで受けたときにピリッと痛みが走るし、バットを振って空振りしたときには激痛が走った。それでも誰にも言わなかった。

「休んだらレギュラーの座を奪われる」という恐怖心は金本とて同じだった。金本は広島時代の若手の頃、華奢《きゃしゃ》な身体でケガも多く、一軍の座をつかんだと思ったらケガでまた二軍に送り返されるという悔しい経験を何度も味わっていた。それがあるから多少のケガなら試合に出るのだと、彼は私に話してくれたことがある。

反対に言えば、金本以外の選手は休みすぎなのだ。たしかに無理をおして試合に出ても、チームに迷惑をかけるかもしれないし、それが原因で選手寿命を縮める恐れだってある。監督としては何がなんでも出場しろとは言わないし、ケガを治してから出ろと言いたくなることもたしかにある。

けれどもケガをおしてでも試合に出場するくらいの気迫は見せてほしいと思う。昔の選手は私も含め、多少のケガでは休まなかったものだ。

「ケガと故障は違います。ケガは試合中のデッドボールなど不可抗力で起こるものですが、故障は自分の準備不足から起こるものです」

とは金本の弁である。故障で休むのは、自分の恥を、プロとしての責任感のなさを露呈することにほかならない。そう自覚していれば日頃から健康管理には気を使うし、夜遊びの回数だって減ってくるものだ。

阪神の監督は岡田以降、真弓明信、和田と比較的おとなしいタイプの監督が続いた。そのためか、選手の大半はマスコミやファンにチヤホヤされて、無名の二軍選手であっても、ベンツやBMWのような高級外車に乗ってしまうような精神的に甘えの体質が身についてしまっている。

金本が阪神の監督を務めている間に、そうした甘えの体質や構造にもしっかりとメスを入れてほしいと願っている。

## 巨人の試合は本当につまらなくなった

ここ数年、巨人戦のテレビ中継が激減している。その理由は視聴率が悪いからだという。プロ野球の中継が地上波からなくなるのは、正直なところ、野球人気の衰退を見せつけられるようで寂しい。

「球場に多くのお客さんが行っているじゃないですか」という声も聞こえるが、それは一部の熱心なファンが何度も応援に行っているからで、新規のファンがどれだけ獲得できているのか、実際は微妙なところだと思う。

だが、巨人の試合を見ていると、「本当につまらなくなったな」と思えて仕方がない。見どころがなく、チャンスの場面では主力打者が何の工夫もないまま、凡打の山。これでは巨人ファンだってチャンネルを合わせようとはしないだろう。

その象徴が昨季の8月下旬の神宮球場でのヤクルト戦だった。試合は5対0でヤクルトがリード。5回表の先頭打者は村田修一。いったいどう反撃するのかと思って見ていると、初球をカーンと打ち上げてライトフライに終わった。

5点も負けている状況で、初球から打ちにいくのはどうかしている。相手からしたら、「よし、ワンアウトとってこの回もいけそうだ」と、勢いづいてしまう。1ストライクは犠牲にして、相手バッテリーにも考えさせるくらいの打撃をしていかないと、逆転することなど難しい。

打撃には積極的に打つことで活路を見出すこともあるが、「積極的に待つ」ことで、反撃の扉が開かれることだってある。同じ負けるにしても、相手に勝った気がしないような負け方でないと、次につながらない。その点を村田は理解していない。

仮にも村田はプロの世界でベテランと呼ばれる選手だ。あんな打撃を披露しているようでは、将来は監督はおろか、コーチだって務まらない。若手選手の模範になるような姿勢を見せないと、よい指導者になるのは絶対に無理だろう。

そんな折、原の後任監督は高橋由伸になった。本人は2016年も現役を続けるつもりでいたところを、突然の就任要請で決まったように見えたのは私だけだろうか。おそらく彼は、監督になるとは考えておらず、監督としての心構えや信念、理念などはこれっぽっちも身につけてはいないだろう。

その証拠に、選手の指導方針を聞かれると、「何でもかんでも押しつけられる時代じゃない。意思を尊重しながら個性を出すのが今の選手に合っていると思う」と答えているようだから、監督として持ち合わせておくべき能力については、まだまだ未熟と言わざるを得ない。

高橋は現役を急きょ引退し、その座に就いたが、1年目はこれまでとの違いに戸惑い、どういう野球をすべきか、あれこれ頭を悩ますはずだ。まさに前途多難である。

ただし、唯一救いなのは、阿部や村田、亀井義行といったベテランや中堅選手たちが、「新監督を男にしたい、胴上げしたい」と言っていることだ。彼は性格が真面目で誠実だから、チーム内に人望はあるのだろう。

「この監督を優勝させたい」という思いは、王が監督だった頃のダイエー、ソフトバンクがまさにそうだった。当時の主力打者だった松中信彦や小久保は、春季キャンプになると決まって「個人記録よりもチームの優勝」を目標に掲げていた。王の持つ人間性や指導力がチーム優先の考え方をさせていたのだろう。

つまらないと思っていた巨人の野球が面白くなるか。今季の高橋の采配、巨人の戦い方に注目していきたい。

## 今季のプロ野球の行方を占ってみる

最後に今季の戦いを予想していきたい。まずパ・リーグは戦力面から見てもソフトバンク有利は変わらないだろう。一部の主力がメジャーに挑戦し、戦力が流出するが、それを補って余りある戦力である。

また、日本ハムの大谷がどこまで進化するのか見ていきたい。第2章でも書いたが、160キロを超える速球を投げる投手など、そう見られるものではない。今の彼に足りないのは、幾多の修羅場を乗り越えたという経験だけだ。天王山の試合で勝利し、その乗り越え方を覚えたとき、彼は近年で史上最高の投手になれる可能性を秘めている。

これに対してセ・リーグは、ヤクルトの連覇が注目されるが、正直言って厳しい。抑えのバーネット、強力リリーフ陣の一角だったロマンが退団し、中継ぎ以降が手薄になったのが痛い。おまけに山田、川端、畠山ら昨季活躍した中軸だって、今度は他球団も徹底的にマークしてくるだろうから、これまでどおり打てるとも限らない。

そうなると巨人がどこまで逆襲してくるのか。4連覇を逃し、主力選手が軒並み散々な成績に終わった2015年を教訓にして、長丁場のペナントレースに挑むはずだ。

さらに阪神は、新監督の金本が現有勢力の若手をどこまで鍛え上げられるのか。時間は多少かかるかもしれないが、その点はフロントもファンも温かく見守ってほしいところだ。

その一方で、最近の野球を見ていて痛感するのは、選手に創意工夫がないことだ。私はこれを苦々しく思っている。淡々と試合が進み、いつの間にか終わってしまう。観客動員数は年々増えているが、本当に面白い野球と言えるのだろうか、疑問が尽きない。

野球は選手個々の才能だけで勝負する世界ではない。全知全能をぶつけ、正攻法と奇策を組み合わせて戦うからこそ、そこに面白さや奥深さが生まれる。それを指揮するのは監督であるからこそ、監督の座に就いた人間は常に勉強する姿勢を持ち続けなければならない。

技術や才能には限界があるが、頭脳には限界がない。野球の新しい戦略や戦術は出尽くしたとは思うが、孫子の兵法にもあるように、「敵を知り、己を知る」ような野球を披露して、野球の質を高めていってほしいと願っている。

著者略歴

## 野村克也（のむら・かつや）

1935年生まれ。京都府立峰山高校を卒業し、1954年にテスト生として南海ホークスに入団。現役27年間で、歴代2位の通算657本塁打、戦後初の三冠王など、その強打で数々の記録を打ち立て、不動の正捕手として南海の黄金時代を支えた。「ささやき戦術」や投手のクイックモーションの導入など、駆け引きに優れ工夫を欠かさない野球スタイルは、現在まで語り継がれる。70年の南海での選手兼任監督就任以降、４球団で監督を歴任。他球団で挫折した選手を見事に立ち直らせる手腕は「野村再生工場」と呼ばれる。 ヤクルトでは「ID野球」で黄金期を築き、楽天では球団初のクライマックスシリーズ出場を果たすなど輝かしい功績を残した。インタビュー等でみせる独特の発言は「ボヤキ節」と呼ばれ、その言葉は「ノムラ語録」として野球ファン以外にも親しまれている。

【大活字版】

# 名将《めいしょう》の条件《じょうけん》

## 監督受難時代《かんとくじゅなんじだい》に必要《ひつよう》な資質《ししつ》

2018年9月15日　初版第1刷発行

著　者　野村克也《のむらかつや》

発行者　小川 淳

発行所　SBクリエイティブ株式会社
〒106-0032　東京都港区六本木2-4-5
電話：03-5549-1201（営業部）

装　幀　長坂勇司（nagasaka design）

組　版　辻 聡

企画協力　株式会社KDNスポーツジャパン

編集協力　小山宣宏

印刷・製本　大日本印刷株式会社

落丁本、乱丁本は小社営業部にてお取り替えいたします。定価はカバーに記載されております。本書の内容に関するご質問等は、小社学芸書籍編集部まで必ず書面にてご連絡いただきますようお願いいたします。

本書は以下の書籍の同一内容、大活字版です
SB新書「名将の条件」



ISBN 978-4-7973-9662-1